Johanna Paungger
Thomas Poppe

Die Mondgymnastik

Sanfte Übungen für natürliche
Gesundheit im Wellenschlag von
Mond- und Naturrhythmen

W0172206

Mosaik
bei GOLDMANN

Zeichnungen:
Friedrich Rois stylefactory.de & Designstudio Fleischer

FSC
Mix
Produktgruppe aus vorbildlich
bewirtschafteten Wäldern und
anderen kontrollierten Herkünften

Zert.-Nr. SGS-COC-1940
www.fsc.org
© 1996 Forest Stewardship Council

Verlagsgruppe Random House FSC-DEU-0100
Das für dieses Buch FSC-zertifizierte Papier *Munken Print*
liefert Arctic Paper Munkedals AB, Schweden.

3. Auflage
Vollständige Taschenbuchausgabe Dezember 2004
Wilhelm Goldmann Verlag, München,
ein Unternehmen der Verlagsgruppe Random House GmbH
© 2001 Goldmann Verlag, München,
ein Unternehmen der Verlagsgruppe Random House GmbH
Umschlaggestaltung: Design Team München
Umschlagfoto: Eisenschink
Satz: Uhl+Massopust, Aalen
Druck: GGP Media GmbH, Pößneck
Verlagsnummer: 16570
Kö . Herstellung: Ina Hochbach
Printed in Germany
ISBN 3-442-16570-9
www.goldmann-verlag.de

Inhalt

Teil I
AUF DIE PLÄTZE!

In einer ruhigen Ecke ...

Pssst – ganz schnell!

Während Sie in der Buchhandlung stehen und überlegen, ob dieses Buch sein Geld wert sein könnte ...

... oder während Sie noch nachdenken, ob dieses Buchgeschenk auf dem Nachtschränkchen landet, um sich im Bett damit zu befassen, oder doch gleich im Bücherregal für den fernen Augenblick des Hervorholens – oder für welchen Zweck auch immer.

Ganz schnell! Suchen Sie sich ein ruhiges Plätzchen, lassen Sie die Arme (unauffällig) hängen, bewegen Sie beide Daumen schnell auf und ab und zählen Sie dabei langsam bis sieben. Tun Sie dann das Gleiche mit beiden Zeigefingern. Bis sieben Sekunden zählen. Danach das Gleiche mit Mittelfinger, Ringfinger und kleinem Finger.

Sie brauchen also für diesen kleinen Versuch insgesamt fünf mal sieben Sekunden: 35 Sekunden.

In dieser kurzen Zeitspanne erhält Ihr Körper einen Energieschub, ohne jeden Aufwand. Lassen Sie sich ein paar Sekunden Zeit und fühlen Sie, was in Ihren Armen und in Ihrem Körper geschieht. Was mit Ihrer Laune passiert und mit Ihren Gedanken. Fühlen Sie, wie Wärme und Energie in alle Ecken und Winkel Ihres Körpers strömen.

Wenn's sich gut anfühlt, dann ist das Buch für Sie gedacht. Viel Freude beim Lesen und Erleben.

Zur Begleitung

Es ist für mich eine große Freude zu erleben, wie das Wissen um die Mondrhythmen wieder erwacht und den Platz im Alltag vieler Menschen findet, den es verdient. Ich habe stets fest daran geglaubt, dass es genug Menschen gibt, die den Wert dieser einfachen Regeln erfahren und für sich im Kleinen umsetzen wollen. Dass es letztlich dann so viele sein würden, habe ich mir zwar insgeheim erhofft, aber das Staunen darüber ist mir bis heute noch nicht abhanden gekommen. Denn angefangen hat es mit sehr kleinen Schritten über viele Jahre hinweg.

Als ich als junges Mädchen von Tirol nach München »auswanderte«, um dort zu lernen, stellte ich nach kurzer Zeit verwundert fest, dass offenbar fast niemand hier den richtigen Zeitpunkt für alles Tun kennt und beachtet. Anfangs fand ich das interessant und sogar »modern« und tat es einfach allen anderen nach, weil ich keine Außenseiterin sein wollte. Den Einfluss des Mondes lernte ich schnell zu ignorieren als ein Relikt alter Zeiten, das offenbar inzwischen überflüssig geworden war.

Einige Jahre lang ging das gut, bis mich mein Körper mittels verschiedener Störungen und Krankheiten regelrecht nötigte, mich wieder auf die Naturrhythmen zu besinnen. Schon nach kurzer Zeit ging es mir wieder viel besser – und dies ohne jegliche ärztliche Hilfe. Meines Großvaters Wissen hatte mir auch jetzt geholfen.

Aber diese positive Erfahrung hatte mich sehr neugierig gemacht auf etwas anderes: Als Kind habe ich nämlich gelernt, dass man den Menschen jede Krankheit auf Grund einiger untrüglicher Kennzeichen ansehen kann.

Bestimmte Mangelerscheinungen und Leiden drücken sich in ganz eigentümlichen und typischen Symptomen aus: Mimik, Körperhaltung, Hautfärbung und -tönung, Haarbeschaffenheit, Ausdünstung, Gehbeschwerden wie Hinken, Nachschleifen, kurze oder lange, schnelle oder langsame Schritte, Wippen, Grad der Ausdauer, die Sitzhaltung, Ess- und Trinkgewohnheiten, Sehstörungen, Schlafstörungen. Obendrein noch die genaue Tageszeit, bei der all diese Merkmale auftreten, denn ob eine Haut vormittags oder nachmittags fahl wirkt, deutet auf unterschiedliche Störungen hin. Viele Seiten ließen sich mit diesen Beobachtungen und Auflistungen immer wiederkehrender Symptome füllen.

Während der ersten Zeit in München wurde mir also bewusst, dass dort das Mondwissen nichts gilt. Gleichwohl hatte ich durch Beobachtung den klaren Eindruck gewonnen, dass der Einfluss des Mondes auch bei den Menschen dort zum Tragen kommt, ob sie sich darüber nun im Klaren sind oder nicht. Als unendlich neugieriger Mensch machte ich mich daran, diese Frage für mich selbst zu beantworten.

Einer der Wege, für die ich mich entschied, waren während meiner Freizeit Besuche in der Poliklinik unweit meiner damaligen Wohnung am Sendlinger Tor. Versorgt mit Speis und Trank, setzte ich mich vor die Türen all der vielen Behandlungsräume, um die wartenden Patienten zu beobachten.

Der erste Eindruck war ermutigend. Auch hier in München konnte ich den Menschen sofort ansehen, was sie plagte. Allerdings wunderte ich mich oft, dass beispielsweise ein Patient in der Warteschlange zum Lungenröntgen saß, obwohl er offensichtlich kaum Probleme mit der Lunge haben konnte.

Ich bitte die Ärzteschaft um Nachsicht – aber wie schon gesagt: Als Kind habe ich diese Fähigkeit erlernt, und ich konnte mich fast immer auf sie verlassen. So habe ich mir beispielsweise als kleines Mädchen manchmal etwas Taschengeld verdient, wenn ich mit Touristen im Restaurant eine Wette darüber abschloss, was die Leute am Nachbartisch zum Essen bestellen würden. Das ist nämlich nicht schwer, wenn man ihren Zustand eingehend betrachtet. Die Menschen essen sich gesund – oder sie essen sich krank.

Dieses Buch soll nun keine Anleitung sein, wie Sie Diagnosen stellen können auf Grund von Statur, Aussehen, Haltung, Neigung usw. Ich wollte damit nur ausdrücken, dass das Wissen zwar fast in Vergessenheit geraten ist, aber heute noch genauso viel Gültigkeit und Wert besitzt wie zu früheren Zeiten.

Natürlich hatte ich während der ersten Jahre in der Stadt manchmal ernsthafte Probleme zu schweigen, wenn jemand eine völlig überflüssige Operation »verschrieben« bekam und dann womöglich noch bei zunehmendem Mond. Aber auch damit lernte ich umzugehen und konnte zumindest gleich feststellen, dass chirurgische Eingriffe bei zunehmendem Mond auch in der Großstadt nicht so gut verliefen wie bei abnehmendem Mond.

Es vergingen jedoch noch viele Jahre, bis ich es wagte, das Wissen um die Mondrhythmen in Vorträgen weiterzugeben und dann niederschreiben zu lassen.

An dieser Stelle möchte ich mich ganz herzlich bei meinem Mann Thomas Poppe bedanken, der mich jederzeit ermutigt, von solchen »alten Dingen« zu berichten, um diese dann für Sie zu Papier zu bringen. Ohne ihn wäre keines unserer Bücher entstanden, denn mündliches Erzählen ist die eine Sache, schriftliches Fixieren zum allgemeinen Verständnis eine andere. Obendrein gelangt keine Zeile Information an die Öffentlichkeit, ohne dass er selbst sie überprüft und ihren Wert erfahren hat.

Mein besonderer Dank gilt auch meinem Bruder Georg Koller, der seit vielen Jahren eine sehr erfolgreiche physiotherapeutische Praxis in Bissendorf bei Osnabrück betreibt. Viele seiner guten Ratschläge und Tipps fanden Eingang in die folgenden Zeilen – ein wahrer Schatz an Wissen, ohne den dieses Buch nicht vollständig wäre.

In diesem Buch haben wir ein zusätzliches Wagnis unternommen: Wir haben uns entschlossen zu glauben, dass Sie sich für bisher verborgene Zusammenhänge zwischen Krankheit und Symptom, Körper und Seele interessieren. Sie finden sie deshalb bei Mondgymnastik-Übungen und bei einzelnen Tierkreiszeichen der Fingerarbeit genauer geschildert.

Sie erfahren beispielsweise, was Sie im Körper Gutes bewirken, wenn Sie Ihren Zeigefinger in der Zeit von 15 bis 17 Uhr einige Sekunden lang festhalten. Ich kann mich noch gut an meine Kindheit erinnern, als meine Mutter uns empfahl, bei jeder Form von Angst den Zeigefinger zu umklammern – bei Prüfungen, beim Allein-Unterwegssein, beim Verpassen des Unterrichtsbeginns in der Schule. Bei meinem eigensinnigen Wesen ist mir dieser Rat regelmäßig fürchterlich auf die Nerven gegangen, weil er so simpel war. Trotzdem habe ich ihn immer wieder befolgt und ausprobiert.

Heute ertappe ich mich schon längst dabei, wie ich meine eigenen Kinder mit »solch einfachen Methoden« nerve. Und natürlich entgeht es mir nicht, dass auch sie es nachmachen und erfahren, wie es hilft.

Meine Mutter wusste unzählige solcher einfachen Dinge, besonders in Bezug auf die Ernährung (als das normale Salz, das Sie heute fast ausschließlich zu kaufen bekommen, bei uns »in Mode« kam, stand es genau drei Tage lang auf dem Tisch, bis es wieder verschwand und das gute alte Steinsalz zurückkehrte). Vieles davon habe ich damals nicht glauben wollen, besonders was den Umgang mit Süßigkeiten betraf, aber wenn man selbst Mutter ist, dann erwacht auch dafür das Verständnis. Vor allem die Wechselwirkung zwischen Genuss von Süßigkeiten und Nervosität und schlechter Laune bei Kindern oder die Ernährung eines Alpha-Kindes mit Omega-Kost – darin kannte meine Mutter sich bestens aus, und ich bin froh, dass ich dieses Wissen heute weitergeben kann. Und dies erst recht, wenn ich bedenke, dass heute viele arme Kinder mit Medikamenten »ruhig gestellt« werden, obwohl sie nur eine kleine Ernährungsumstellung bräuchten.

Natürlich klingen unsere Worte mitunter etwas laienhaft im medizinischen Sinn, aber dafür ist die Information direkt für Sie anwendbar. (Wenn ein Arzt mit ausschließlich lateinischen Ausdrücken daherkommt, sollten Sie ihn um Übersetzung bitten. Sie haben das Recht dazu.)

Vor allem können Sie aus diesem Buch den Mut und die Inspiration gewinnen, Ihren Körper in seiner Ganzheit kennen zu lernen. Am richtigen Tag die richtige Gymnastik – und Sie brauchen sich nie wieder zu überfordern.

Ebenso wie heute Heilkräuter wissenschaftlich untersucht und »großzügig« als medizinisch wirksam Anerkennung finden, obwohl der Mensch sie schon seit Tausenden von Jahren verwendet, wird es eines Tages der Fall sein, dass »exotischen« Dingen wie den Mondrhythmen nicht länger die Akzeptanz von Seiten der Wissenschaft verweigert wird. Ohne Not kurz vor Vollmond eine Operation durchzuführen, wird dann als Kunstfehler gelten. Darauf müssen Sie aber glücklicherweise nicht warten. Vertrauen Sie der Weisheit Ihres Körpers und darauf, was er Ihnen sagt.

Was geschieht denn bei einem hundert Jahre alten Menschen, wenn er sich beim Spazierengehen an einem Brombeerbusch die Haut ritzt? Genau: Die Wunde verheilt spurlos – trotz des hohen Alters!

Mehr oder weniger genau die gleiche Regenerationskraft besitzen alle seine inneren Organe, ja sogar Muskeln, Knochen und Gelenke, die schon scheinbar »degeneriert« waren. Mondgymnastik, Entgiftung und ausreichend lebendiges Wasser trinken – das ist die solide Basis für einen Neuanfang.

Natürlich braucht es ein wenig Übung und Beobachtungsgabe, um jenes Urvertrauen in den Körper wiederzugewinnen, das vielen ausgeredet und in jungen Jahren wegdressiert worden ist. Es wäre deshalb sehr schön, wenn Sie sich nicht einfach nach diesem Buch richten. Mein Wunsch ist, dass es Ihnen als Starthilfe dient für ein besonders schönes und lohnendes Abenteuer. Sie haben nichts zu verlieren, aber sehr viel zu gewinnen – um nicht zu sagen, *alles*, wenn Sie lernen, dass die Liebe der eigentliche Heiler auf dieser Erde und im Universum ist.

Johanna Paungger-Poppe

Im selben Boot

Wie lange schon predigen die Weisen und Heilkundigen aller Völker, dass maßvolle Bewegung eine Grundbedingung für gute Gesundheit ist?

Wie viele Ärzte, Masseure und Physiotherapeuten singen heutzutage das Loblied vom Sport, von körperlicher Betätigung, schweißtreibendem Tun als absoluter, unabdingbarer Notwendigkeit, um bei guter Gesundheit ein hohes Alter zu erreichen?

Ich habe den Eindruck, diese Mahnungen und Predigten bekommen wir zu hören, seit es Menschen gibt.

Und ebenso lange tun wir alles, um uns taub zu stellen. Ganz besonders heute, da uns in vielen Teilen der Welt der Alltag nicht mehr zu körperlicher Arbeit zwingt, um den Lebensunterhalt zu verdienen. Ja nicht einmal mehr zu körperlicher Bewegung dort, wo bis vor kurzem zumindest ein Minimum davon erforderlich war – bis hin zum Hefeteigkneten und Schuheputzen, was uns jetzt Maschinen abnehmen.

Wir alle sitzen im selben Boot. Wir alle wissen und fühlen, wie wichtig Bewegung und ein wenig Sport und Gymnastik *wären*. Fünf Minuten am Tag – nein, *eine* Minute täglich – würden genügen, wenn es die *richtige* Gymnastik ist.

Fast ausnahmslos plagt uns ein mehr oder weniger lautstarkes schlechtes Gewissen, weil wir in der Regel viel zu wenig tun oder uns zu einseitig belasten – zum Schaden unseres Körpers und Wohlergehens, zum Nutzen der Heerscharen von Ärzten und Chemikern, die uns ihre Pülverchen gerne andrehen, wenn's hier und da zwickt und zwackt im vernachlässigten Leib, mit den Jahren immer mehr.

Ich nehme mich nicht aus, denn ich habe vieles hinter mir: jede Menge Sport in kurzen, intensiven Jugendzeiten – weniger Sport in späteren Jahren. Immer viel Freude an Bewegung – aber erst nach einem mühseligen *Aufraffen*. Dann langsames Nachlassen des Willens – bis zu jener winzigen Sekunde der Selbstüberwindung, zur einfachen Entscheidung: »Jetzt tu ich wieder was…« Bis schließlich zur bequemen Selbsttäuschung: »Es bringt ja doch nichts, und außerdem habe ich gerade keine Zeit…«

Ich schätze mich wirklich glücklich, meine Frau kennen gelernt zu haben. Wer weiß, welche Ausmaße meine Körperfülle angenommen, welches Aushöhlen meiner Gesundheit ich zugelassen hätte? Ihr Wissen und durch sie das Wissen ihres Großvaters halfen mir, folgenden Teufelskreis zu durchbrechen: immer weniger Bewegung – Gewichtszunahme, zunehmend weniger Lust zur Bewegung – Gewichtszunahme, Nachlassen der Muskelkraft und des Selbstvertrauens – noch weniger Bewegung. Das alles begleitet von Ernährungssünden. Es ist ein Teufelskreis, dem leider nur zu viele von uns vergeblich zu entrinnen versuchen.

Ich gebe es ja zu: Die Umkehr ist mir nicht leicht gefallen. Jahre schon war ich im Besitz der nötigen Informationen, dennoch ist mir die Wahrheit oftmals richtiggehend auf die Nerven gegangen – bis mich das eine oder andere Wehwehchen daran erinnerte, dass es höchste Zeit war, erwachsen zu werden. Heute kann ich es dafür jedem Menschen nachfühlen und nachsehen, wenn er Mühe hat, sich sogar zu winzigsten Änderungen im Alltag aufzuraffen – beispielsweise fünf Minuten früher aufzustehen, um die Mondgymnastik zu machen. Es gehört zum Wesen des Menschen, dass wir es zu jedem Zeitpunkt unseres Daseins mit Kräften zu tun haben, die uns abhängig halten wollen. Wahrlich seltsam – die Zeitspanne einer Zigarettenlänge täglich könnte aus der Sackgasse führen, aus einer Teufelsspirale in lichte Höhen. Es ist jedoch eine Sache des freien Willens, den wir in die Wiege gelegt bekamen…

Echte Selbstliebe und freier Wille sind es, die uns aufmuntern, den Versuch zu wagen, dieser Abwärtsspirale zu entkommen. Die Schlüsselfrage aber lautet für viele: Warum führt es so selten zu *dauerhaftem* Erfolg (und nur dieses zählt!), sich dennoch aufzuraffen und irgendeiner körperlichen Aktivität zu widmen – Joggen, Schwimmen, Rad fahren, Fitnessstudio, Gymnastik und dergleichen? Warum beginnen viele von uns so oft hoffnungsfroh und besten Willens, fangen stark an und lassen rapide nach? Drehen dann eine weitere Spirale nach unten, sammeln Gewicht und Trägheit und mangelndes Selbstvertrauen? Bis zum nächsten Versuch, der dann ebenso endet, noch ein Stockwerk tiefer? Bis eben »alles ja doch nichts bringt«. Warum schaffen wir's nicht?

Die Antwort lautet: Weil wir müde und depressiv sind. Weil wir müde aufwachen und müde zu Bett gehen. Und uns in der Zeit dazwischen abhetzen und mit Überflüssigem ablenken. Und warum sind wir so erschöpft? Viele »moderne« Gründe gibt es, doch in erster Linie fühlen wir uns deshalb so »kaputt«, weil unsere normale Alltagsernährung jeden Menschen müde, depressiv und süchtig macht.

Die Müdigkeit lässt Ziele in scheinbar weite Ferne rücken. Ohne sinnvolle, ersehnte Ziele jedoch, die wir mit Eifer anstreben, tritt keine Lebensfreude ein. Ohne Lebensfreude behalten Müdigkeit und Depression die Oberhand. Eine Sackgasse tut sich auf, ein weiterer Teufelskreis…

Aber es gibt zu jedem Zeitpunkt einen Ausweg, den viele von uns finden und zur Flucht nutzen. Warum schaffen es diese Menschen unter allen Widrigkeiten äußerlich und innerlich zum Trotz dennoch?

Es sind keine Außerirdischen, keine Übermenschen. Eine winzige Kleinigkeit ist es, die den Unterschied ausmacht: Sie besteht darin, die Daumen zu bewegen, die Zehen zu bewegen. Es ist die Fähigkeit, aus dem Stand einen kleinen Schritt vorwärts zu tun. Von Stunde zu Stunde. Von einer kleinen Entscheidung *für* dieses und *gegen* jenes. Von Kleinigkeit zu Kleinigkeit.

Dieses Buch macht Sie vertraut mit genau solchen Kleinigkeiten und führt Sie anhand kleiner Schritte zu großer und dauerhafter körperlicher Fitness. Es hilft Ihnen, den »inneren Schweinehund« zu überwinden, den ausnahmslos jeder von uns mit sich herumschleppt – der eine als schwere, erstickende Last, der andere, nachdem er ihn zu einem unbedeutenden, kleinen »Ferkelwauwau« degradiert hat, dessen Einfluss gegen null geht.

Um ihn dahin zu bringen, ist keine »eiserne Disziplin« vonnöten. So viel können wir versprechen. Sie brauchen keine Messgeräte für Blutdruck und Pulsfrequenz – Sie brauchen Mut zum persönlichen Gespür! Damit Sie Ihre Grenzen kennen lernen, diese langsam erweitern und sich plötzlich fit fühlen. Und für richtig faule Tage gibt's immer noch die *Fingerarbeit* – eine besondere Technik der körperlichen Kräftigung, die wir Ihnen hier erstmals vorstellen.

Für das Hin- und Herpendeln zwischen Versuch und Enttäuschung, das viele von uns nur allzu gut kennen, gibt es Gründe. Sie zu kennen ist der allererste Schritt zum Erfolg. Und der allerwichtigste Grund beruht darauf, dass wir uns oftmals *zum falschen Zeitpunkt* bewegen, trainieren, Sport treiben. Um Ihnen das Geheimnis der fröhlichen, erfolgreichen – auf *Dauer* erfolgreichen – Bewegung zum richtigen Zeitpunkt nahe zu bringen, haben wir dieses Buch geschrieben.

Wenn Sie eine körperliche Übung, eine bestimmte Gymnastik machen, wenn Sie eine bestimmte Muskelgruppe kräftigen und dehnen, dann ist von entscheidender Bedeutung für Sinn und Erfolg Ihres Tuns sein Zeitpunkt in Harmonie mit Mond- und Naturrhythmen.

Ist der Zeitpunkt günstig, so können Sie sich buchstäblich schöner, stärker, lebendiger und gesünder machen – oder aber Sie richten bestenfalls nichts aus, wenn Sie sich für einen ungünstigen Moment entschieden haben.

Die Regeln und Prinzipien, die diesen zeitlosen Naturgesetzen zu Grunde liegen, sind einfach und kinderleicht umzusetzen. Und das ohne verbissene Selbstdisziplin, ohne übermenschliche Willenskraft, ohne jene Resignation, die sich nach viel erfolgloser Anstrengung einstellt.

Alles, was Sie benötigen, ist ein wenig Liebe zu sich selbst, ein Minimum an Geduld und einen Mondkalender* als einziges »Übungsgerät«.

---

* Siehe auch Seite 229 ff., wo wir Ihnen unsere Palette von Mondkalendern vorstellen.

Wir haben Ihnen in unseren Büchern immer wieder zu vermitteln versucht, dass jeder von uns ein unfehlbares Gespür besitzt. Niemand muss uns »beweisen«, dass es schädliche Erdstrahlen gibt, dass Gentechnik und Klonen eine irrsinnige Sackgasse der Wissenschaft sind, dass dieser oder jener Politiker nur sein eigenes Wohl im Auge hat und sonst nichts im Herz – wir *fühlen* all das ganz deutlich. Wir haben nur unter mehr oder weniger großen Schmerzen gelernt, diese klare innere Stimme zu ignorieren, manche schon im zarten Alter von zehn Monaten, manche erst, nachdem sie den Verlockungen der Scheinwelt der Erwachsenen erlegen sind.

Aber in stillen Augenblicken, in Phasen des Besinnens, in Momenten der Erinnerung an unsere Bestimmung und wahre Natur – da hören wir die Stimme. Etwa wenn sie sagt, dass der Kaiser gar keine Kleider anhat, wenn sie so manchen Bischof oder Präsidenten beschreibt als das, was er *wirklich* ist, wenn sie mühelos die Spreu vom Weizen trennt und mutig alle Dinge bei ihren wirklichen Namen nennt.

Oder wenn sie uns sagt, dass diese oder jene Übung, diese oder jene Gymnastik unserem Körper zuliebe *heute* wirklich sinnvoll oder *heute* reine Zeitverschwendung war. Wir möchten Ihnen mit diesem Buch helfen, keine Zeit mehr zu verschwenden. Eine uralte, zeitlose Form der körperlichen Ertüchtigung kommt Ihnen zu Hilfe – für Fitness, Kräftigung, Gesundung, Lebendigkeit, Lebensfreude. Eine einfache Serie von Übungen, mühelos erlernbar in jedem Alter.

Meine Frau ist vom ersten Augenblick an mit diesem Wissen aufgewachsen; für sie sind Dinge selbstverständlich, die mir »Normalsterblichem« beim ersten Kennenlernen sehr exotisch vorkamen. Genau dadurch aber habe ich ihr eine Kleinigkeit voraus: Ich habe als *Erwachsener* erleben dürfen, was es bedeutet, vom »normalen« Leben zum richtigen Leben zu wechseln. Ich habe erlebt, welchen Sinn das macht, wie einfach es geht, wenn man damit begonnen hat, und wie tief greifend der Erfolg ist. Ich kam mir dabei vor wie jemand, der erst als Erwachsener schwimmen lernt. Welch ein Gefühl, sich zum ersten Mal aus eigener Kraft über Wasser halten zu können!

Deshalb weiß ich auch aus eigener Erfahrung, dass fast ausnahmslos jeder mit einem großen Gewinn rechnen kann, wenn er sich diesem Wissen anvertraut und die zeitlos gültigen Regeln, Übungen und Methoden ausprobiert. Auch ich möchte mich an dieser Stelle bei meinem Schwager Georg Koller bedanken, dem Mann mit den Zauberhänden. Ohne ihn wäre dieses Buch sehr wahrscheinlich nicht entstanden. Seine große Erfahrung und sein Wissen werden Ihnen in vielen Zeilen begegnen und Sie bereichern.

Bei der kleinen Entdeckungsreise wünsche ich Ihnen jetzt viel Freude!

Thomas Poppe

Vom richtigen Zeitpunkt

Die treuen Leserinnen und Leser unserer bisherigen Bücher (siehe Anhang, Seite 230 f.) können die nächsten Seiten bis Seite 41 überspringen, ohne viel zu versäumen. Die Fairness gebietet jedoch, dass wir all denjenigen, die zum ersten Mal in diesem Buch vom Einfluss der Mondrhythmen hören, eine Einführung geben, um die Zusammenhänge und Wechselwirkungen zwischen Mondphasen, Mondstand im Tierkreis und vielen Abläufen unseres Alltags verständlich zu machen.

Wenn Sie dieses Buch in Händen halten, dann haben wir eine kleine Feier hinter uns: ein zehnjähriges Jubiläum! Im Herbst 1991 erschien unser erstes Buch *Vom richtigen Zeitpunkt* – das Buch, das der Wiederentdeckung des Wissens um die Mondrhythmen den Weg ebnete und bis heute nach der Übersetzung in zwanzig Sprachen in den Bestsellerlisten zu finden ist.

Nach Jahrzehnten des Vergessens ist heute das jahrtausendealte Wissen um die Einflüsse der Mondrhytmen auf dem besten Weg, sich seinen rechtmäßigen Platz in unserem Alltag zurückzuerobern.

Bei Licht besehen ist es ja merkwürdig: Da beherrscht der Mensch eine Fähigkeit – jahrtausendelang, so selbstverständlich, wie die Fische im Wasser leben, und so wertvoll, wirksam und erfolgreich wie nur irgendein Rüstzeug, das der Mensch mitbekam, um sein Überleben zu sichern und seine Existenz zu gestalten. In historischen Zeiträumen gemessen fast über Nacht, im Laufe weniger Jahre gerät plötzlich diese Kunst in Vergessenheit! Als ob die Vögel über Nacht das Fliegen verlernt und sich obendrein entschieden hätten, die Kunst des Fliegens zum Aberglauben zu erklären.

Kein exotisches Wissen aus irgendeinem tibetischen Hochtal ist das –

nein, weltweit, von Alaska bis Feuerland, von den Philippinen bis nach Neuseeland, wurde und wird es ausgeübt. Bauern, Gärtner, Heilkundige, Handwerker, Holzhändler – überall lebten sie »nach dem Mond«, so wie die Kids von heute mit dem Fernseher aufwachsen. Nicht im Traum wären diese Menschen auf die Idee gekommen, *nicht* zuerst nach dem Mondstand zu schauen, bevor sie ernten, heilen, bauen.

Wenn Sie das volle Ausmaß des Verzichts auf dieses Wissen überschauen wollen, dann müssen Sie sich die Situation wie bei einem jungen Menschen vorstellen, der, obwohl kerngesund und ohne jede Behinderung, tagein, tagaus an *Krücken* geht. Er humpelt so lange umher, bis die Muskeln seiner Beine dermaßen schwach geworden sind, dass er sich nur allzu gerne einen Rollstuhl verkaufen lässt, weil es »bequemer« ist.

Und warum tut er das? Weil ein Krückenhersteller eine schlaue Werbeagentur gefunden hat, die dem jungen Mann erfolgreich dieses törichte Verhalten eingeredet hat. Sie würden es nicht glauben, wie viele Krückenhersteller es heute gibt, die wiederum ganz eng mit Rollstuhlproduzenten zusammenarbeiten…

Ebenso gedankenlos würde unseren Vorfahren und manchen wissenden Zeitgenossen das Verhalten heutiger Menschen erscheinen, die zu willkürlich gewählten Zeitpunkten die Felder bearbeiten und ernten, die Wäsche waschen, die Zähne behandeln lassen – und natürlich Sport und Gymnastik betreiben.

Es waren die genaue Beobachtung der Natur, der Tier- und Pflanzenwelt und das Leben in Harmonie mit ihr, die unsere Vorfahren zu Meistern des richtigen Zeitpunkts gemacht haben. Wenn das Überleben ganzer Völker von guten Ernten abhängt und gleichzeitig die Gifte und künstlichen Dünger der modernen Industrie nicht zur Verfügung stehen, dann bleibt den Landwirten aller früheren Jahrhunderte nichts anderes übrig, als ihrer Kunst auch die Kunst der Wahl des richtigen Zeitpunkts hinzuzufügen und besonders den Mondlauf zu beobachten.

Direkte persönliche Erfahrung hatte unsere Vorfahren zur Erkenntnis geführt,

- dass zahllose alltägliche und weniger alltägliche Handlungen von Naturrhythmen beeinflusst werden – vom Holzschlagen über Kochen, Essen, Brotbacken, Milchverarbeitung, Haare schneiden, Gartenarbeit, Düngen, Waschen bis zur Anwendung von Heilmitteln, Operationen und vieles mehr;
- dass Pflanzen und ihre Teile von Tag zu Tag unterschiedlichen Kräften ausgesetzt sind, deren Kenntnis ausschlaggebend für erfolgreichen Anbau, Pflege und Ernte der Früchte ist; dass Kräuter, zu bestimmten Zeiten gesammelt, ungleich wirksamer sind als welche, die zu anderen Zeiten geerntet werden. Und dass Nahrungsmittel aus diesen Pflanzen zu unterschiedlichen Zeiten vom Körper unterschiedlich vertragen werden;
- dass Operationen und Medikamentengaben, an bestimmten Tagen durchgeführt, hilfreich sind, an anderen Tagen nutzlos oder gar schädlich – oft unabhängig von Dosis und Qualität der Medikamente und aller Kunst des Arztes;
- dass zahlreiche weitere Geschehnisse in der Natur – Ebbe und Flut, Geburten, das Wetter, der Zyklus der Frauen und vieles mehr – in Beziehung zur Mondwanderung stehen.

Zusammengefasst: Unsere Vorfahren lebten nach der Erkenntnis, dass der Erfolg einer Absicht nicht nur vom Vorhandensein der nötigen Fähigkeiten und Hilfsmittel abhängt, sondern auch entscheidend vom Zeitpunkt des Handelns. Und dass dieser günstige Zeitpunkt weitgehend mit der Mondphase und dem Stand des Mondes im Tierkreis in Zusammenhang steht. Diese Erkenntnis war – wie wir heute aus zahlreichen Zuschriften und Kalendern aus allen Teilen der Welt wissen – außerordentlich verbreitet und lebendig, von Alaska bis nach Australien, von Japan bis Feuerland.

Viele Kalender der Vergangenheit richteten sich nach dem Lauf des Mondes, weil die vom Mondstand im Tierkreis angezeigten und angekündigten Kräfte von weit größerer Bedeutung für den Alltag der Menschen waren als die des Sonnenstandes. Heute noch werden alle unsere »beweglichen« Feiertage nach dem Stand des Mondes berechnet: Ostern wird beispielsweise stets am ersten Sonntag gefeiert, der dem ersten Vollmond nach Frühlingsanfang folgt.

Wie konnte es also geschehen, dass zu Anfang des 20. Jahrhunderts dieses unschätzbar wertvolle Wissen fast über Nacht in Vergessenheit geriet? Noch bis vor dem Ersten Weltkrieg gab nämlich fast jeder Kalender auch Mondphasen und Mondstand im Tierkreis an.

Sicherlich ist einer der Hauptgründe in der Tatsache zu suchen, dass man dieses Wissen nicht in Bargeld verwandeln kann. Im Gegenteil: Wir würden viel gesünder leben, Produkte würden erheblich haltbarer und kämen ganz ohne Gifte zur Konservierung, Imprägnierung und dergleichen aus.

Viele Wirtschaftszweige, die jetzt noch gut von der Missachtung der Natur leben, müssten den Gürtel enger schnallen oder sich endlich auf die Herstellung menschen- und umweltfreundlicher Waren konzentrieren. Nach dem Zweiten Weltkrieg hatte sich nämlich die große Maschinerie der Technik und Industrie darauf verlegt, statt Kriegsmaterial die »schnelleren« Lösungen für alle Probleme des Alltags zu produzieren – an Stelle von Sprengstoff Kunstdünger.

Die Jugend in Aufbruchstimmung lachte über Eltern und Großeltern, sprach von »Mond-Aberglauben« und begann, sich fast völlig auf eine im Wesenskern unmenschliche Wissenschaft und Forschung zu verlassen – in erster Linie, weil sie den Fortschrittsparolen vertraute und natürlich der Aussicht auf einen schnellen materiellen Aufschwung.

Es kam zum übertriebenen Einsatz von Maschinen und Instrumenten, von Dünger und Pestiziden, von Umweltgiften und Kunststoffen. Die Atomkraft schien der Weisheit letzter Schluss, die Endlösung des »Energieproblems« zu sein. Dass es nie ein Energieproblem gegeben hat, davon redet auch heute noch niemand.

Die Jugend wurde dazu verführt, das Wissen ihrer Eltern vom rechten Zeitpunkt zu ignorieren, und die steigenden Erträge, die medizinischen Erfolge schienen ihr lange Zeit Recht zu geben. So entfernte sie sich immer mehr von den Kreisläufen der Natur und begann, die Zerstörung unserer Umwelt als »notwendiges Übel« in Kauf zu nehmen, immer unterstützt durch eine Industrie, die nur am Umsatz interessiert ist, nicht jedoch an Mensch und Natur.

Besonders die rasante Entwicklung in der Chemie und Pharmazeutik verführte Schuldmedizin *und* Patienten zum irrigen Glauben, ungestraft die Ganzheit des Lebens missachten zu können. Sie haben eine Erkältung? Nehmen Sie Penizillin. Sie leiden unter Verstopfung? Nehmen Sie dieses Superabführmittel. Schnelle Schmerz- und Symptombeseitigung galt schon als »Therapieerfolg«; Ursachenforschung und Vorbeugung, Geduld und Bereitschaft zu einer langfristigen Zusammenarbeit mit dem Patienten traten in den Hintergrund. Echte Heilkundige wurden und werden ins Abseits getrieben.

Heute kann kaum noch jemand die Augen verschließen vor dem hohen Preis, den wir für die Missachtung der Rhythmen und Naturgesetze bezahlen müssen – die Zivilisationskrankheiten breiten sich aus, Allergien gehören schon fast zum guten Ton.

Die Erträge in der Landwirtschaft sinken, Schädlinge haben leichtes Spiel, weil der Boden ausgebeutet wird, ohne sich schützen und regenerieren zu können; der Einsatz von Pestiziden hat sich binnen kurzem vervielfacht, ohne nennenswerten Erfolg; Qualität und Gesundheitswert der Erntefrüchte gehen gegen null; lebensnotwendige Mineralstoffe wurden dem Boden entzogen, die Trinkwasserqualität sinkt.

Aber es gab dennoch auch einen *guten* Grund, warum das Wissen verloren gegangen ist und erst seit wenigen Jahren wiederbelebt wird: *Es war nirgends aufgezeichnet!* So selbstverständlich war der Umgang mit dem richtigen Zeitpunkt, dass die Zusammenhänge nirgends vollständig zusammengefasst sind. Nur in Bruchstücken, als belächelte »Bauernregeln« und unter Eingeweihten hatte das Wissen überlebt. Also konnten sich auch jene Menschen, die guten Willens gewesen wären und viel lieber mit Hilfe des Mondes gelebt und gearbeitet hätten, nicht darauf zurückgreifen.

Genau diese Menschen sind es, die mit Freude die Wiederbelebung des Mondwissens begrüßt haben und sich heute nicht mehr vorstellen können, jemals darauf zu verzichten.

Am Schluss des Buches finden Sie aus gutem Grund keine Literaturliste. Alle von uns vorgestellten Regeln und Naturgesetze wurzeln ausschließlich in persönlicher Erfahrung und eigenem Erleben, teilweise vom ersten Lebenstag an. Nichts stammt nur vom Hörensagen, nichts beruht auf Vermutungen oder Überzeugungen. Nichts stammt aus zweiter Hand oder ist »wissenschaftlich erforscht und auf dem neuesten Stand« (und damit morgen schon überholt). Sie können sich auf die Informationen verlassen.

Es gibt natürlich noch viele weitere Rhythmen und Einflussfaktoren in der Natur, etwa im Zusammenhang mit dem Biorhythmus, mit der Aktivität der Sonnenflecken, mit Weltraum- und Erdstrahlungen und dergleichen. Einen großen Teil davon haben wir in unseren bisherigen Büchern vorgestellt. Zusammengefasst lernen Sie bei uns fünf verschiedene »Zustände« des Mondes kennen:

- *Neumond*
- *Zunehmender Mond*
- *Vollmond*
- *Abnehmender Mond*
- *Jeweiliger Stand des Mondes in einem Tierkreiszeichen*

Lassen Sie uns kurz die wesentlichen Impulse vorstellen, die zu diesen Zeiten auf der Erde spürbar sind:

Neumond: Bei seinem Umlauf um die Erde wendet der kleine Mond der Erde stets nur eine Seite zu, jene Seite, welche wir in ihrer ganzen Pracht bei Vollmond zu sehen bekommen. Steht nun der Mond – von uns aus gesehen – zwischen Erde und Sonne, so liegt die uns zugewandte Seite völlig im Dunkeln. Der Mond geht dann gemeinsam mit der Sonne auf und unter. Für Stunden ist er dann nicht zu erkennen, und auf der Erde herrscht Neumond. In Kalendern ist der Mond bei Neumond meist als schwarze oder dunkelblaue Scheibe eingezeichnet.

Eine besondere Kraft macht sich bei Mensch, Tier und Pflanze in den

Stunden und Tagen vor Neumond bemerkbar: Wer jetzt beispielsweise Obsttage einlegt oder fastet, beugt vielen Krankheiten vor, weil die Entgiftungsbereitschaft des Körpers am höchsten ist. Will man schlechte Gewohnheiten über Bord werfen oder eine Unternehmung neu beginnen, dann ist dieser Tag als Startpunkt geeigneter als fast jeder andere Tag. Die Erde beginnt einzuatmen. Für alles, was dem Reinigen und Ausschwemmen dienen soll, ein idealer Tag.

Zunehmender Mond: Schon wenige Stunden nach Neumond wandert der Erdschatten weiter, und der Mond kommt zum Vorschein, als feine Sichel anfangs, auf der Mondoberfläche von links nach rechts wandernd. Der zunehmende Mond mit seinen wiederum spezifischen Einflüssen macht sich auf den Weg.

Alles, was dem Körper zugeführt werden soll, was ihn aufbaut und stärkt, wirkt zwei Wochen lang doppelt gut. Das »tägliche Brot« verwandelt sich in dieser Zeit leichter in Übergewicht als bei abnehmendem Mond. Je mehr der Mond zunimmt, desto ungünstiger kann die Heilung von Verletzungen und Operationen verlaufen. Auch die Wäsche wird bei gleicher Waschmittelmenge nicht mehr so sauber wie bei abnehmendem Mond.

Vollmond: Schließlich hat der Mond eine Hälfte seiner Reise um die Erde vollendet, er steht als leuchtendes Gestirn am Nachthimmel. Von der Sonne aus gesehen befindet sich der Mond jetzt »hinter« der Erde. In Kalendern ist der Vollmond als weiße oder gelbe Scheibe symbolisiert.

Auch in den wenigen Stunden vor Vollmond macht sich auf der Erde bei Mensch, Tier und Pflanze eine deutlich spürbare Kraft bemerkbar, wobei der Richtungswechsel der Mondimpulse von zunehmend zu abnehmend stärker empfunden wird als der Kraftwechsel bei Neumond. An diesem Tag gesammelte Heilkräuter entfalten größere Kräfte, ein idealer Fasttag herrscht, weil der Körper viel stärker Fett ansetzt als sonst, Wunden bluten stärker als zu anderen Zeiten. Und ebenso wie bei Neumond kommt es bei Vollmond leichter zu einem Wetterwechsel.

Abnehmender Mond: Langsam wandert der Mond weiter, seine Schattenseite »beult« ihn scheinbar – von rechts nach links – aus, die etwa 13-tägige Phase des abnehmenden Mondes beginnt.

Unsere Vorfahren machten sich die besonderen Einflüsse während dieser Zeit zunutze: Operationen gelingen besser als sonst, fast alle Hausarbeiten gehen leichter von der Hand, selbst wer jetzt etwas mehr isst als sonst, nimmt nicht so schnell zu, wer fastet, hat schnelleren und größeren Erfolg auf Dauer. Viele Arbeiten in Garten und Natur sind jetzt begünstigt.

Mondstand im Tierkreis: Wenn die Erde um die Sonne wandert, hält sich die Sonne von unserem Planeten aus gesehen im Laufe eines Jahres jeweils etwa einen Monat lang in einem Zwölftel des Tierkreises auf – von Widder bis Fische. Die gleichen Tierkreiszeichen durchquert auch der Mond bei seinem etwa 28-tägigen Umlauf um die Erde, wobei er sich jedoch in jedem Zeichen nur etwa zweieinhalb Tage lang aufhält.

Jeder der zwölf Mondstände im Tierkreis bringt auf der Erde zwölf besondere Kräfte zum Tragen, die sich im Verhalten von Mensch, Tier und Pflanze zeigen – und die auf alles Leben Einfluss haben. Besonders deutlich erkennbar sind die Wirkungen auf Körper und Gesundheit und in Garten und Landwirtschaft.

Die Tabelle 1 auf Seite 31 ist ein grundlegendes Handwerkszeug. Sie gibt einen Überblick über die unterschiedlichen Wirkungsimpulse der einzelnen Tierkreiszeichen – auf Körperzonen, Pflanzenteile, Nahrungsqualität usw. – und zeigt Ihnen die gebräuchlichsten Symbole für die Tierkreiszeichen, um das Auffinden und Identifizieren der Zeichen in den Mondkalendern zu erleichtern.

Tierkreis-zeichen	Symbol	Körperzone	Organ-system	Pflanzen-teil	Element	Nahrungs-qualität	Tages-qualität
Widder		Kehlkopf, Augen, Nase	Sinnes-organe	Frucht	Feuer	Eiweiß/ Frucht	Wärme-tag
Stier		Kehlkopf, Sprachorgane, Zähne, Kiefer, Hals, Man-deln, Ohren	Blutkreis-lauf	Wurzel	Erde	Salz	Kältetag
Zwillinge		Schulter, Arme, Hände, Lunge	Drüsen-system	Blüte	Luft	Fett	Luft-/ Lichttag
Krebs		Brust, Lunge, Magen, Leber, Galle	Nerven-system	Blatt	Wasser	Kohlen-hydrate	Wasser-tag
Löwe		Herz, Rücken, Zwerchfell, Blutkreislauf, Schlagader	Sinnes-organe	Frucht	Feuer	Eiweiß/ Frucht	Wärme-tag
Jungfrau		Verdauungs-organe, Nerven, Milz, Bauch-speicheldrüse	Blutkreis-lauf	Wurzel	Erde	Salz	Kältetag
Waage		Hüften, Nieren, Blase	Drüsen-system	Blüte	Luft	Fett	Luft-/ Lichttag
Skorpion		Geschlechts-organe, Harnleiter	Nerven-system	Blatt	Wasser	Kohlen-hydrate	Wasser-tag
Schütze		Oberschenkel	Sinnes-organe	Frucht	Feuer	Eiweiß/ Frucht	Wärme-tag
Steinbock		Knie, Kno-chen, Gelen-ke, Haut	Blutkreis-lauf	Wurzel	Erde	Salz	Kältetag
Wasser-mann		Unter-schenkel	Drüsen-system	Blüte	Luft	Fett	Luft-/ Lichttag
Fische		Füße, Zehen	Nerven-system	Blatt	Wasser	Kohlen-hydrat	Wasser-tag

Tabelle 1: **Grundlegende Wirkungsimpulse des Mondstandes im Tierkreis**

31

Wie aus dieser Tabelle ersichtlich wird, übt der jeweilige Mondstand im Tierkreis bei uns Menschen spezifische Einflüsse auf Körper- und Organbereiche aus. Üblicherweise spricht man davon, dass jede Körperzone von einem bestimmten Tierkreiszeichen »regiert« wird. Unsere heilkundigen Vorfahren entdeckten in diesem Zusammenhang folgendes Prinzip:

Alles, was man für das Wohlergehen jener Körperregion tut, die von dem Zeichen regiert wird, das der Mond gerade durchschreitet, ist wirksamer als an anderen Tagen (mit Ausnahme chirurgischer Eingriffe). Beispiel: Eine Massage der Schulterregion, wenn der Mond im Zeichen Zwillinge steht.

Alles, was die Körperregion, die von dem Zeichen regiert wird, das der Mond gerade durchschreitet, besonders belastet oder strapaziert, wirkt schädlicher als an anderen Tagen. Beispiel: Eine strapaziöse Bergtour in schlechtem Trainingszustand, wenn der Mond im Zeichen Löwe steht, das auf Herz und Kreislauf wirkt.

Chirurgische Eingriffe in der jeweiligen Körperregion sollte man an diesen Tagen möglichst vermeiden. Notoperationen gehorchen einem höheren Gesetz.

Nimmt der Mond gerade zu, wenn er das jeweilige Zeichen durchläuft, so sind alle Maßnahmen zur Zuführung aufbauender Stoffe für das von ihm regierte Organ erfolgreicher als bei abnehmendem Mond. Nimmt er gerade ab, sind alle Maßnahmen zum Entgiften und Entlasten des jeweiligen Organs erfolgreicher als bei zunehmendem Mond.

Chirurgische Eingriffe sind nur scheinbar eine Ausnahme von dieser Regel. Sie dienen zwar letztlich dem Wohlergehen des jeweiligen Organs oder des ganzen Körpers, wirken sich aber im *Augenblick* der Operation und in der ersten Zeit danach belastend für das Organ aus. Eine der wichtigsten Regeln ist, *chirurgische Eingriffe, wenn möglich, bei abnehmendem Mond* vornehmen.

Bis vor kurzem noch fand dieses Wissen kaum Anwendung, obwohl die Chirurgie tagtäglich mit der Erfahrung seiner Gültigkeit konfrontiert wurde. Kurz vor Vollmond wurden einfach mehr Blutkonserven bereitgestellt, auch wenn man mit der Operation mühelos noch einige Tage hätte warten können. Seit Erscheinen unserer Bücher hat sich jedoch viel zum Positiven verändert, und heute haben sogar etliche Krankenhäuser ihren Betrieb den Mondphasen angepasst.

Tabelle 1 gibt viele Bereiche der Mondeinflüsse wieder, vom jeweiligen Organsystem bis zur Tagesqualität. In diesem Buch aber befassen wir uns vor allem mit der Wechselwirkung zwischen Mondstand im Tierkreis und den *Körperzonen*. Alle anderen Lebensbereiche, in denen das Wissen um die Mond- und weitere Naturrhythmen von Wert ist – von der Heilkunde über Gartenbau, Land- und Forstwirtschaft bis zum Führen eines »mondgerechten« Haushalts –, finden Sie ausführlich in unseren bisherigen Büchern behandelt.

Wie kann es nun sein, dass ein bestimmter richtiger Zeitpunkt für ein Tun – etwa für eine Operation oder eine Zahnsteinentfernung – eine oftmals durchschlagend positive Wirkung erzielt, wenn schon einen Tag später ein negativer Einfluss herrscht, der die gleiche Handlung langfristig zum Misserfolg verurteilt? Kann denn diese negative Energie nicht die positive aufheben? Wenn man beispielsweise eine Gesichtsoperation kurz vor Neumond durchführt, ist der Erfolg viel größer als nur wenige Tage später bei zunehmendem Mond.

In der Antwort auf diese Frage verbirgt sich ein Grundprinzip der »Kunst des richtigen Zeitpunkts«: *Der Augenblick der Berührung ist der entscheidende Faktor.*

Berühren ist gleichbedeutend mit »in Kontakt treten, anfassen, konzentrieren, nachdenken, zugreifen«. Berühre ich einen Gegenstand oder ein Lebewesen zu einem bestimmten Zeitpunkt, sei es mit Händen, Werkzeugen oder gedanklich mittels meines inneren und äußeren Willens, so übertrage ich in diesem Augenblick Kraft und feine Energien. In jeder Sekunde meines Lebens. Die Richtung meines Handelns, das letztliche Ziel,

33

das ich mit Händen oder Gedanken verfolge – ob positiv oder negativ –, wird immer in irgendeiner Weise für jedermann sichtbar werden, heute, morgen oder in zehn Jahren. Die Kräfte, die durch den Zeitpunkt – die Mondphasen und den Mondstand im Tierkreis – gekennzeichnet sind, werden durch die menschliche Absicht wie in einem Brennglas gebündelt und verstärkt.

»Berührt« beispielsweise ein Arzt bei einer Operation den Patienten mit dem Skalpell, so fließen in Wirkung und Erfolg des Handelns immer zusätzliche, feine Energien mit ein – neben seinen Gedanken, seiner geistigen Einstellung, seiner Liebe zur Arbeit und zum Patienten und vielen anderen Kräften auch die Kräfte, die vom momentanen Mondstand ausgehen.

Berühren geschieht, wenn ein guter Masseur seine Kunden durchknetet, wenn eine Katze schnurrend um Ihr Bein streicht und dabei negative Strahlungen aufnimmt, wenn Sie beim Kochen liebevoll an diejenigen denken, die später das Essen verzehren, wenn eine Sternschnuppe Sie an Ihren Herzenswunsch erinnert...

Entscheidend ist, dass bei jeder Berührung früher oder später immer die *innere* Absicht der Berührung zutage tritt, niemals das äußere, angebliche oder vorgetäuschte Ziel. Wenn ich äußerlich jemandem ein Geschenk mache, innerlich aber einen Tauschhandel vorhabe, mit der Dankbarkeit des Empfängers als Handelsware, dann wird sich später der Keil manifestieren, den ich mit meiner Berechnung in die Beziehung zum Gegenüber getrieben habe. Wer aus Liebe berührt, erzeugt immer Liebe. Wenn man aus Berechnung berührt, kommt ein Tauschhandel zustande (oder auch nicht).

Zahllose unerklärliche und widersprüchliche Erfahrungen im Alltag, in der Heilkunde, in Garten und Natur und sogar im Haushalt finden in dieser Tatsache und mit ihr auch in den vom Mondstand angezeigten, rhythmischen Einflüssen eine einleuchtende Erklärung – etwa die Tatsache, dass bei Hüftoperationen eine Seite oftmals viel besser gelingt als die andere.

Der Mondkalender – das einzige Werkzeug

Das Wissen um die Natur- und Mondrhythmen erfordert zu seiner Anwendung als einziges »technisches« Hilfsmittel einen Mondkalender – einen Kalender, der die Mondphasen und den Stand des Mondes im Tierkreis angibt. Unsere Mondkalender sind nach dem Mondstand im Tierkreis berechnet. Alle guten Erfahrungen aus jedem Lebensbereich, die wir in unseren Büchern vermitteln – von der gesunden Ernährung und der weisen Körperpflege über Heil- und Kräuterkunde und bis hin zu biologischem Bauen, Gartenbau, Land- und Forstwirtschaft –, beruhen auf diesem Mondkalender. Er wird seit Jahrtausenden ohne jede Veränderung verwendet. Wie wir heute wissen, ist er überall auf der Welt gültig, was den *Stand des Mondes im Tierkreis* betrifft. Wenn der Mondkalender das Tierkreiszeichen Fische angibt, dann wird die »Fische«-Energie auch spürbar – in Alaska und Australien, in Zaire und Zypern.

Nur die *Mondphasen* (Voll- und Neumond, zu- und abnehmender Mond) unterliegen der Zeitverschiebung, wobei die Zeitangaben in unseren Kalendern sich auf den mitteleuropäischen Raum beziehen. Anderswo sollte man die Zeitverschiebung berücksichtigen.

Vielfach erhielten wir Anfragen, weil manche regionale Mondkalender kleinere Unterschiede zu unserem Kalender aufwiesen. Machen Sie sich auch deshalb keine Sorgen: Diese Differenzen beruhen meistens auf der Tatsache, dass einige Mondkalender von Astrologen oder Astronomen nach den Prinzipien ihres Berufsstandes berechnet wurden, ohne Rücksicht auf die Mondrhythmen, die ihnen zumeist unbekannt sind. Sollten Sie im Zweifel über die Gültigkeit eines Kalenders sein, so experimentieren Sie einfach so lange mit *beiden* Kalendern, bis Sie Gewissheit haben.

Letztlich sind kleinere Kalenderunterschiede aus einem einfachen Grund ohne große Bedeutung: Der Übergang der Wirkkräfte erfolgt nämlich allmählich, niemals von einer Minute zur anderen! Die Einflüsse, die der Mondstand im Tierkreis anzeigt, überlappen und vermischen sich, insbesondere, wenn im Kalender ein Zeichen drei Tage hintereinander angegeben ist. Dann ist meist am ersten oder am dritten Tag die Kraft des benachbarten Zeichens noch oder bereits stark zu spüren.

Schon vor Tausenden von Jahren war es möglich, Mondstände auf die Minute genau zu ermitteln. Alle früheren Kalender gaben jedoch den Mondstand im Tierkreis nur für *ganze Tage* an. Warum? Weil es in der Gesamtheit des Wissens um den Einfluss von Mond- und Naturrhythmen kaum eine Regel gibt, die von einer solchen Genauigkeit profitieren würde. Im Gegenteil: Sie wirkt eher abschreckend auf die meisten Leser. Und *das* wäre nun wirklich katastrophal. Das Wissen ist viel zu wertvoll, als dass es komplizierter gemacht werden sollte, als es ist. Der Umweltschutz und die Heilkunde der Zukunft sind ohne dieses Wissen völlig undenkbar. Warum sollte Gott uns zwingen, Haare erfolgreich nur bis 10.47 Uhr vormittags schneiden zu lassen, weil er sie uns ab 10.49 Uhr gewiss ausfallen lässt? Solche Übergenauigkeit verdirbt einem ja den Spaß. Wenn das Handeln zum richtigen Zeitpunkt keine Freude macht und keinen echten Gewinn bringt, dann schadet es mehr, als es nutzt.

Die Natur ist obendrein so eingerichtet, dass für jeden verpassten oder vom Wetter verdorbenen Termin genügend Alternativen zur Verfügung stehen, mit denen fast ebenso gute Ergebnisse erzielt werden können. Wenn es etwa um eine Operation geht, deren Termin vom Patienten bestimmt werden kann, dann sollte er einfach auf den abnehmenden Mond achten und dem Tierkreiszeichen, das die betroffene Körperzone regiert, weit aus dem Weg gehen. Dabei fallen Kalenderunterschiede nicht mehr ins Gewicht.

Ohnehin müssen Menschen, die mit dem Mondkalender aufgewachsen sind und in ihrem Tun den richtigen Zeitpunkt beachten, oftmals gar nicht mehr den Kalender zu Rate ziehen, weil die Natur anhand zahlreicher Signale deutlich den Wechsel von einem Zeichen zum anderen anzeigt, wenn man einmal darauf zu achten beginnt: das »stechende« Licht an Lufttagen (Zwillinge, Waage, Wassermann), die Kreislauftätigkeit und schnelle Hautaustrocknung bei Löwe, das unterschiedliche Beschlagen von Fenstern an Wasser- oder Lufttagen, der leichte Kopfschmerz, wenn sich Widder ankündigt, die Verdaulichkeit einer fettreichen Mahlzeit an Zwillinge, Waage und Wassermann und vieles mehr. Intuitiv Begabte oder Menschen mit »grünem Daumen« richten sich oftmals unbewusst nach diesen vielen Hinweisen, die uns täglich den sinnvollsten Weg zeigen.

Die Natur lässt sich nicht in ein starres System zwingen und nach handlichen Rezepten »regieren«, auch wenn unsere Bequemlichkeit immer wieder danach verlangt. Wir finden, dass dies eine ihrer allerschönsten und Leben spendenden Eigenschaften ist. Der Mondkalender ist ein wertvolles Hilfsmittel – nicht weniger, aber auch nicht mehr. Er soll Ihre persönliche Wahrnehmung und Erfahrung nicht ersetzen. Im Gegenteil: Er kann als Schlüssel zur Erweiterung Ihrer Wahrnehmung dienen. Aus dieser Erfahrung erwächst eine Kraft, die für Sie in allen Lebensbereichen von Nutzen sein kann.

Letztlich kommt es auf Ihren gesunden Menschenverstand an: Nehmen Sie die Informationen in unseren Büchern in erster Linie als Anregung für die Reise ins Reich der Natur- und Mondrhythmen. Sammeln Sie dabei Ihre eigenen Erfahrungen, experimentieren Sie, probieren Sie. Die Kräfte der Mondrhythmen sind seit Jahrtausenden ein bewährtes Mittel, das heute wieder all denen zur Verfügung steht, die es annehmen wollen. Zahllose Menschen in zahlreichen Berufsgruppen nutzten noch bis vor kurzem das Wissen als unentbehrliches Element ihrer Arbeit – von den Heilkundigen über die Landwirte, Tischler und Architekten bis zu den Waldbauern. Heute erinnern sich viele Menschen wieder dieses unschätzbar wertvollen Erbes unserer Vorfahren – auch wenn mancher Wissenschaftler noch Schwierigkeiten hat zu akzeptieren, dass auch ohne seinen Segen etwas so schlicht, rasch und erfolgreich funktioniert. Die Wissenschaft löst die selbst geschaffenen komplizierten Probleme lieber mit diffizilen und teuren Methoden, statt zurückzugreifen auf das, was sich schon immer vor aller Augen sichtbar als simple Lösung anbietet. Ein einfacher Mensch, der sich von solcher Wissenschaft nicht beeindrucken oder einschüchtern lässt und friedlich seiner Wege geht, wird als

»primitiv« bezeichnet. Sie und wir, wir wissen, wer hier der wahre »Primitive« ist, der das Leben erst noch kennen lernen muss.

Das Mikroskop ist kein Instrument, um Schönheit und Wert von Blumen und Kräutern zu erfassen. Dazu sind nur Erfahrung, Herz und Gespür in der Lage. Damit Sie in diesen drei Dingen wachsen, dafür arbeiten wir.

Teil II

FERTIG?

Zur Einstimmung

Wir brauchen nicht so fortleben,
wie wir gestern gelebt haben.
Macht Euch von dieser Anschauung los,
und tausend Möglichkeiten laden uns zu neuem Leben ein.
CHRISTIAN MORGENSTERN

Sie wollen joggen gehen? Folglich brauchen Sie ein Paar gute Schuhe.

Sie wollen die Mondgymnastik erlernen? Folglich brauchen Sie einige grundlegende Informationen. Doch keine Angst – es kostet Sie weniger als ein Paar gute Schuhe...

Bevor wir also mit der Beschreibung der *Mondgymnastik zum richtigen Zeitpunkt* so richtig loslegen, möchten wir Sie gut vorbereiten. Die Übungen haben nämlich, wie Sie vielleicht schon vermuten, über die reine »körperliche Ertüchtigung« hinaus noch weitere besondere Aufgaben, die sie unfehlbar erfüllen werden.

Natürlich spricht nichts dagegen, jetzt gleich die Seite 67 aufzuschlagen, wenn Sie sofort mit den Übungen beginnen wollen. Wir haben dafür volles Verständnis. Aber in den nächsten Tagen beziehungsweise nach mehreren Tagen Mondgymnastik sollten Sie nicht versäumen, zu diesen Seiten zurückzukehren.

1. Das Tor zum Körper

Stellen Sie sich vor (oder erinnern Sie sich, wenn Sie es schon hinter sich haben), Sie würden eine oder zwei Wochen lang fasten, nicht rauchen, sich nur biologisch und fleischlos ernähren. Wie, glauben Sie, würde nach dieser Zeitspanne ein Kantinenessen, eine Zigarette, ein Lutscher schmecken?

Angenommen, Sie leben in der Stadt und verbringen einige Wochen in klarer, sauberer Luft in den Bergen oder am Meer, und Sie kehren dann zurück in die Stadt. Wie riecht die Stadtluft?

Bereiten Sie sich darauf vor, dass etwas Ähnliches in Ihrem Körper geschehen wird. Die Mondgymnastik ist wie eine Reise aus der Stadt ans Meer, eine Umstellung auf gutes Essen. So wie Ihre Sinne danach wiederbelebt würden und alles mit »neuen Augen« sehen, so wie Ihre Sinne plötzlich wahrnehmen und unterscheiden können und *aufwachen* – so erwachen Ihre inneren Organe, Gelenke, Körperregionen und Funktionskreise zu neuem Leben.

Das ist wunderbar und absolut erwünscht. Aber die Übungen zeigen Ihnen auch anfangs, *wo's fehlt!*

Eine kleine Parabel vom Automobil (Folge 1)

Jeder Autofahrer weiß, was geschieht, wenn ein Fahrzeug, das zehn Jahre alt ist und bisher nie schneller als 80 Stundenkilometer fuhr, weil es der Oma gehörte, plötzlich den Gasfuß zu spüren bekommt und erstmals mit mehr als 140 Sachen dahindonnert. Der Automobilist wird zu hören und zu spüren bekommen, was er tun muss, um das Fahrzeug wieder in Schuss zu bringen.

(Fortsetzung folgt)

Wenn Sie aktiv daran interessiert sind, wie im Körper alles funktioniert und welche Kreisläufe am Werk sind, dann haben Sie sicher schon längst festgestellt, dass jede Symptombekämpfung sinnlos ist. Daher ist die Mondgymnastik genau das Richtige für Sie.

Langsam werden Sie mit ihrer Hilfe die Dinge in Ordnung bringen können, das Gleichgewicht wiedererlangen, durchlässig werden für neue Kräfte. Neues Leben dringt in verstaubte Ecken und Winkel Ihres Organismus ein und weckt längst erloschen geglaubte Gefühle. Vertrauen Sie diesen Vorgängen.

Bei der Besprechung der Fingerarbeit werden wir Ihnen zudem erklären (ab Seite 126), was Sie mit der Mondgymnastik und der Fingerarbeit gerade »anrichten«, welche Energieflüsse und Zusammenhänge angeregt und wachgerüttelt werden – nicht unsanft und brutal, sondern in genau dem Tempo, das Sie für sich gut finden.

Es ist nicht unsere Absicht, in diesem Buch alle Kreisläufe und Funktionen bis in die letzte Einzelheit zu beleuchten – das müssen wir einem gesonderten Buch vorbehalten. Aber durch die Gymnastik werden Sie sie zwangsläufig genauer kennen und vor allem fühlen lernen.

Oder hätten Sie vermutet, dass die Widder-Gymnastik im Kopfbereich in direkter Wechselwirkung mit Lungen und Magen steht?

Häufig funktionieren viele Zusammenspiele im Körper nicht, und keiner ahnt die Ursache. Und allzu oft gehen Menschen jahrelang zum Arzt, geben zusätzlich viel Geld aus für Heilpraktiker und Alternativmedizin, ohne dass ihnen Hilfe zuteil wird! Die Verzweiflung, die dann häufig einsetzt, macht sich langsam und schleichend breit, kaum spürbar zu Anfang.

Bei akuten Verletzungen ist das etwas anderes. Da kann meist schnell und wirksam geholfen werden. Aber bei den so genannten Kleinigkeiten, wiederholten Wehwehchen – ein Sodbrennen hier und da, ein Gelenkschmerz an der Fußsohle hin und wieder – denkt niemand an gravierende Folgeschäden, weil der Ursprung nur sehr schwer auszumachen ist. Speziell die Schulmedizin hat da ihre großen Probleme, weil junge Ärzte kaum etwas über Zusammenhänge und Wechselwirkungen erfahren. Im Gegenteil: Sie richten das Augenmerk auf die spätere Spezialisierung zum Facharzt, die den Blick auf das Ganze oftmals endgültig verwehrt.

Die Kleinigkeiten aber sind es, die sich allmählich zu einem unüberschaubaren Berg türmen – und dann ist alles andere schuld: das Alter, die Hormone, die Abnutzung... Kaum einer denkt dann noch daran, dass der Körper sich regenerieren kann – in höchstem und wunderbarem Maße. Dieser Gedanke wird erstickt, und die wenigen Gegenbeispiele werden als große Ausnahmen präsentiert. Dabei wird vergessen, dass nur eine einzige Ausnahme eine Regel zunichte macht. Nur eine einzige Heilung einer »unheilbaren« Krankheit, und das Gesetz existiert nicht mehr. Leider ist Symptombekämpfung derzeit in Mode und lässt die Kassen klingeln. Gesunde Menschen bringen der Pharmazie und den Ärzten kein Geld, kranke Menschen bringen dem Finanzminister und der Wirtschaft kein Geld. Also ist halb gesund, halb krank das Beste für die Volkswirtschaft, nicht wahr?

Das größte Interesse an Ihrer vollen Gesundheit, wer kann es dann haben?

Nur Sie selbst!

Zurück deshalb zum Kennenlernen von Zusammenhängen, einer Grundbedingung für die Erfüllung Ihres Wunsches nach Gesundheit *aus eigener Kraft*. Gezielte Gymnastik zum richtigen Zeitpunkt lässt den ganzen Körper durchbluten, energetisieren und dadurch gesunden.

Gymnastik zu willkürlichen Zeiten und in beliebiger Form trägt selbstverständlich zur allgemeinen Fitness bei, unterstützt aber nicht gezielte Körperfunktionen – und deshalb hört man fast zwangsläufig früher oder später wieder damit auf. Wir fühlen insgeheim und unbewusst, dass es eine »vergebliche Liebesmüh« ist.

Kräftigen und harmonisieren Sie dagegen gezielt an Schütze-Tagen die Oberschenkel, verwandeln diese wenigen Minuten das Wort »Orangenhaut« für Sie in ein Fremdwort – natürlich in Verbindung mit gesunder Ernährung.

Oder eine gezielte Mondgymnastik an Jungfrau-Tagen, und schon haben Sie Magen und Verdauungsorgane gestärkt und bald in Harmonie gebracht. Das kann bereits nach wenigen Wochen geschehen, manchmal sogar nach einigen Tagen, abhängig davon natürlich, wie lange Sie schon den Verdauungsorganen unnatürliche Lasten aufgebürdet haben.

Später im Buch werden Sie auch noch erfahren, dass die gleiche Jungfrau-Gymnastik einen weiteren kleinen Energiekreislauf in Gang setzt – die

Zwillinge-Energiespirale (siehe Seite 148 f.). Das Gleiche gilt für jede andere Mondgymnastik im Einklang mit dem Mondstand im Tierkreis.

Jede Energiespirale wandert innerhalb von zwei Stunden durch den ganzen Körper, in seltsam verzwickten Bahnen und Zickzackkurven. Im Fall der Zwillinge-Energiespirale beispielsweise verläuft die Energiebahn vom Startpunkt linker Wangenknochen über die Augenbrauenmitte, unterhalb des linken Auges, linker Kieferknochen, linke Augenbraue, linkes Ohr, linkes Schulterblatt, Magen, Nabel, rechter Oberschenkel innen, Knie außen, Gallenblase, rechte Niere, zwölfter Brustwirbel, Milz, linke Niere, Außenseite rechtes Bein, mittlerer Zeh bis zum Endpunkt großer Zeh.

Diese Energieverhältnisse bewirken beispielsweise, dass ein ständig schmerzender mittlerer Zeh auf unentdeckte Magenprobleme hindeuten kann. Oder dass ein schmerzender Oberarm möglicherweise Zeichen schlecht funktionierender Verdauungsorgane ist.

An dieser Stelle ein paar Merksätze für die Zukunft:

Sitzt ein Schmerz irgendwo in der oberen Körperhälfte, so stimmt etwas in der unteren nicht. Beispiel: Bestimmte Beschwerden in Füßen und Beinen nehmen oftmals in Lungenproblemen ihren Anfang.

Schmerzt etwas in der unteren Körperhälfte, so suchen Sie die Ursache in der oberen Hälfte. Beispiel: Augenprobleme lassen sich nur selten wirksam in den Griff bekommen, wenn nicht gleichzeitig Blasen- und Nierenprobleme beseitigt werden.

Die zentrale Körperregion (etwa Zwerchfell- bis Nabelbereich) schmerzt eher selten, und wenn ja, dann ist hier die Ursache meist am Ort der Schmerzen selbst zu suchen. Beispiel: Magen und Zwölffingerdarm, Gastritis, Blinddarm.

Diese drei Informationen sind besonders dann sinnvoll anzuwenden, wenn die Schmerzen schon chronische Ausmaße angenommen haben.

Die Schulmedizin steckt generell noch in den Kinderschuhen, was das Erforschen dieser Gegebenheiten betrifft. Ein Hauptgrund dafür ist, dass sie sich gar nicht vorstellen kann und will, *warum* etwa eine schmerzende

Kniekehle auf eine überlastete Milz hindeuten könnte. Sie sieht die Verbindung nicht, weil sie einerseits der direkten Beobachtung und Erfahrung misstraut, andererseits aber – um einen Vergleich zu ziehen – mit den Werkzeugen eines Uhrmachers ein elektronisches Bauteil erkennen und reparieren will. Beides führt zu teilweiser Blindheit – auf Kosten von uns allen.

Noch hat die Wissenschaft eine entscheidende Kleinigkeit nicht wieder entdeckt, die zu allen Zeiten den Heilern bekannt war: Wenn ein Organ überlastet ist – auf Grund allgemeiner Schwäche, Krankheit usw. –, dann führt das nicht zwangsläufig sofort zu sichtbaren oder fühlbaren Symptomen, sondern es kommt meist zu einem Einspringen eines benachbarten Organs innerhalb der jeweiligen Energiespirale. Und das, obwohl das »Ersatz«-Organ in seiner Funktion oftmals scheinbar unmittelbar nichts mit dem geschwächten Organ zu tun hat. Ein typisches Beispiel: Blasenentzündungen entstehen fast nie, weil irgendwelche »Bakterien« die Harnwege hinaufspaziert sind, sondern weil die Blase allzu lange die mangelhafte Tätigkeit geschwächter Nieren ausgeglichen hat und danach dennoch irgendwann versagt. Manchmal bekommt man Angst vor Rheuma oder Gicht, weil Ringfingergelenke stark schmerzen. Dabei ist nichts anderes passiert, als dass der Dickdarm überlastet und angegriffen war und sich über die Stier-Energiespirale zu Wort meldet (siehe Seite 147f.).

Ein Beispiel für die Umsetzung der Kenntnis dieser Wechselwirkungen wäre es nun, bei ständig wiederkehrenden Problemen einfach die dafür »zuständige« Mondgymnastik auszuführen, und zwar nicht nur an den zwei oder drei dafür gedachten Tagen monatlich, sondern jeden Tag im Monat einige Minuten lang. Das betroffene Organ kann sich dann noch schneller erholen.

Einige Beispiele für Wechselwirkungen im Körper werden Sie auf den folgenden Seiten noch kennen lernen. Je vertrauter Sie sich damit machen, desto schneller und müheloser können Sie bei sich und anderen Menschen feststellen, welche kleinen Wehwehchen mit welchen Körperpartien verkuppelt sind. Ihr Körper und seine Sprache werden zu einem offenen Buch, das Sie mühelos lesen und verstehen können.

2. Das Tor zur Seele

Jede körperliche Krankheit oder Störung ist immer das Echo, die Folgeerscheinung, das äußere Symptom einer inneren geistigen Einstellung – die Folge ständig wiederkehrender Gedanken, etwa von bestimmten widersprüchlichen Wünschen, Erwartungen, fixen Ideen oder Süchten. Wir laden geistig ein, was wir körperlich erleben – in dieser Reihenfolge.

Erst im nächsten Schritt können körperliche Zustände auch den Geist und die Seele beeinflussen und berühren.

Krankheit ist der sichtbare Rauch, der als Folge der unsichtbaren Feuer in der Gedankenwelt aufsteigt, das unerwünschte Kraut, das dem Nährboden einer negativen Lebenshaltung entsprießt.

Mit Redensarten wie »Das sitzt mir im Nacken«, »Das liegt mir im Magen«, »Da steigt mir die Galle hoch« oder »Ein *hartnäckiger* Mensch« beweisen wir, dass wir alle den Zusammenhang zwischen innerer Einstellung zum Leben, zwischen Gedankenwelt einerseits und Krankheit andererseits genau kennen.

Heutzutage ist »genetisch bedingt« ein Modewort. Eine Vielzahl von Störungen und Krankheiten bis hin zum Haarausfall gilt als vorwiegend erblich bedingt. Doch es wird noch Jahrzehnte dauern, bis es die Wissenschaft endlich zugibt: Dies ist so gut wie nie der Fall! Die Wissenschaft richtet ihr Augenmerk nur deshalb auf die Gene, weil sie Forschungsgelder braucht und von Menschen ausgeübt wird, für die Gefühle lediglich ein Störfaktor bei ihrer Arbeit sind. Und viele Menschen schließen sich dankbar ihrem Urteil an, weil sie dann den wahren Ursachen nicht ins Auge zu schauen brauchen.

Es wäre so leicht zu beweisen: So gilt beispielsweise Haarausfall als weitgehend erblich bedingt. Man müsste jetzt nur all jene Menschen genauer anschauen, die aus Familien oder aus Kulturkreisen stammen, in denen Haarausfall selten ist und die nun als Babys in Familien kamen oder adoptiert worden sind, in denen Haarausfall häufig vorkommt. Mit Gewissheit werden diese Adoptivkinder später unter durchschnittlich ebenso großem Haarausfall zu leiden haben wie die Zieheltern.

Die Wahrheit ist: Wir dressieren unseren Kindern krank machende Lebenseinstellungen, Vorurteile und Denkweisen an, nicht etwa Krankheit verursachende Gene. Mit zerstörerischen, niederdrückenden und pessimistischen Gedanken laden wir unsere Krankheiten ein. Körperliche Störungen und Krankheiten sind fast immer Ergebnis unseres eigenen Tuns. Wir selbst tragen die Verantwortung für den Zustand unseres Körpers, und niemand sonst.

Bei allem, was wir Ihnen in unseren Büchern und so auch in diesem Buch nahe bringen, nehmen wir stillschweigend an, dass Sie den *aufrichtigen* Wunsch haben, gesund zu bleiben oder gesund zu werden. Wenn wir Ihnen und unseren eigenen Absichten treu bleiben wollen, dann müssen wir an die leibhaftigen Wechselwirkungen und Zusammenhänge zwischen Körper, Krankheit und Gesundheit, Geist und Seele erinnern. An ihrem Kennenlernen führt kein Weg vorbei, wenn Sie gesund bleiben und gesund werden wollen aus eigener Kraft. Sie müssen des Kaisers neue Kleider erkennen und sich nicht vor dem fürchten, was Sie sehen!

Ein kleines Beispiel: Alle Eltern kennen die starke Kraft von Gedanken aus Erfahrung. Was geschieht mit den Babys, wenn die Eltern zum ersten Mal nach der Geburt wieder abends allein ausgehen wollen? Oft plagt sie ein schlechtes Gewissen, sie haben einen Babysitter gefunden und fragen sich: Wird er oder sie auch alles richtig machen? Dürfen wir so egoistisch sein, das kleine Wurm fremder Betreuung anzuvertrauen?

Wie oft passiert es, dass seltsamerweise das Baby, nachdem es schon längst regelmäßig friedlich durchschläft, genau an diesem Abend nicht einschlafen will, unruhig ist und schreit? Alle Eltern kennen dieses Phänomen. Was ist geschehen? Wir versprechen Ihnen: Es ist nicht, weil das

Baby Angst vor dem Alleinsein hat und instinktiv spürt, dass die Eltern gehen. Es geschieht, weil das Baby betrogen wird. Die Eltern wollen nicht ehrlich mit dem Kind umgehen und in ihrer eigenen Gedankenwelt friedlich und absichtlich und völlig zu Recht sich selbst den freien Abend gönnen – *unabhängig davon, was das Kind zu sagen hat!* Die Eltern sind ja *miteinander* verheiratet, nicht mit dem Kind.

Durch das schlechte Gewissen und die Unruhe, ob auch alles gut geht, üben sie Druck auf das Kind aus – einen Druck, der mühelos jede Wand durchdringt und sogar über Tausende von Kilometern seinen Adressaten erreicht. Wenn nun Gedankendruck vor Wänden nicht Halt macht – um wie viel leichteres Spiel hat er in Ihnen selbst? Jedes Ihrer Organe, alle Muskeln, Knochen und Nerven in Ihrem Körper sind direkt verbunden mit Ihren Gefühlen, Wünschen und Zielen, mit Ihrer generellen Lebenssicht. Sie gehorchen Ihnen.

O ja, wir wissen es nur zu genau: Die Einsicht, dass man sich die Gruben, in die man hineinfällt, selbst gegraben hat, gehört zu den schwierigsten im Leben. Wer sieht schon gerne in den Spiegel und beichtet vor sich selbst, dass die Erkältung wieder einmal Resultat »abgekühlter Erwartungen« war. Dass der gebrochene Finger willkommene und beabsichtigte Quelle von Schonung und Aufmerksamkeit von außen bedeutete. Krankheiten »aus heiterem Himmel«, verursacht durch Bakterien, Viren und unglückliche Zufälle, sind einfach bequemer für das eigene Gewissen. Man kann sie bekämpfen, weil sie Eindringlinge, Fremde sind, die von außen kommen.

Die Einsicht in die Wahrheit fällt nicht leicht: Wer jahrzehntelang in einem Käfig lebt und dann feststellt, dass er den Schlüssel zu dessen Tür ständig in der Hosentasche trug, ist oftmals zu stolz, den Weg in die Freiheit zu wählen. Dennoch, schon der zweite Blick sollte Sie jubeln lassen. Nur das Leben außerhalb des selbst errichteten Käfigs verdient diesen Namen: *Leben.*

Sie sollten bei sich selbst keine Schuldgefühle zulassen, wenn Sie sich an diese Einsichten langsam herantasten: Sie sind das Resultat einer allgemeinen Erziehung zur Heuchelei, gefördert durch künstliche Moralvorstellungen von Gut und Böse, die uns besser beherrschbar und manipulierbar machen (ein Grund, warum viele *wirklich* religiöse Menschen den Kirchen zu Recht den Rücken kehren).

Wer den Mut aufbringt, den eigenen Beitrag zur Krankheit zu erkennen, hört mit dem Bekämpfen auf – weil er begriffen hat, dass er *sich selbst* bekämpft.

Haben Sie den Mut, in den Spiegel zu schauen, und gaukeln Sie sich selbst nichts vor. Sich selbst etwas vorzumachen, ist der sicherste Weg, Gesundsein aus eigener Kraft in ein unerreichbares Ziel zu verwandeln. Wenn Ihnen Krankheit eine willkommene Gelegenheit bietet, die Verantwortung für sich selbst abzugeben, wenn sie Ihnen mehr Gewinn bringt als Gesundheit, weil Sie die Wahrheit scheuen, dann sollten Sie sich über die Folgen nicht wundern.

Um die Zusammenhänge zu verdeutlichen, werden wir Ihnen bei der Besprechung der Fingerarbeit und der einzelnen Energiespiralen auch ein wenig nahe bringen, *welche* Gedanken und Einstellungen krank machen können und zu Störungen in der jeweils betroffenen Körperzone führen. Das gibt Ihnen gleichzeitig die Chance, die Mondgymnastik mit den jeweiligen heilenden Gedanken zu begleiten.

Machen Sie sich dabei aber eines ganz bewusst: Die Einsicht in die Tatsache, dass ausnahmslos jede körperliche Störung, Krankheit und Ungleichgewicht ihre Wurzel in Ihrer Seele hat, ist nur *eine* Seite der Münze. Ohne die zweite Seite bleibt Einsicht fast so etwas wie ein Luxusartikel: schön anzuschauen, teuer erlangt und bezahlt, aber ohne jeden Nährwert, ohne Kraft.

Die zweite Seite ist die Tat.

Die Einsicht hat nur Sinn, wenn sie eine Änderung bewirkt. Die Einsicht führt uns an eine Wegkreuzung. Wenn wir eingesehen haben, dass ein *Suchtverhalten* zu zehn Tassen Kaffee pro Tag geführt hat und dass Ihr *körperlicher* Schaden mit dieser *seelischen* Sucht zusammenhängt, dann folgt als nächster Schritt die zweite Seite der Münze – die Tat, die Wendung zum Guten, das Happy End Ihrer Einsicht.

Ihre Frage einige Minuten nach der Einsicht muss also lauten: Was muss ich in meinem Leben ändern, um meiner Einsicht Raum und Leben zu geben? Wie tausche ich die zehn Tassen Kaffee gegen Gesundheit? Tausche ich sie beispielsweise gegen fünf Tassen Kräutertee?

Wieder gilt auch hier, woran wir so oft erinnern: Seien Sie sich bewusst, dass sich starke Kräfte um Sie herum wehren werden – zuerst gegen Ihre Einsicht und dann erst recht gegen die Änderung Ihrer Gewohnheiten zum Besseren.

Wir leben immer noch in einer Zeit, in der es leichter ist, eine Geldwäscherei zu gründen als einen Bioladen, in der es leichter ist, Fast Food zu verkaufen, als gesundes Gemüse zu erhalten.

Wir schreiben auch deshalb, damit Sie etwas wirklich Brauchbares in die Hand bekommen, das Ihnen aus jeglicher Misere heraushilft. Wir gehen einfach davon aus, dass Ihnen die Wahrheit und das Echte lieber sind als die Besänftigung und der Schlaf, in den man uns wiegen möchte, damit wir brave Konsumenten bleiben.

Von dem guten Stoff erhalten Sie auf den folgenden Seiten und in unseren Büchern, was Sie für Ihre Gesundung brauchen.

Ihr Beitrag sollte nur sein: Einsicht und Umkehr. Dann kann nichts schief gehen.

3. Gymnastik und Atmung

Vier Wochen oder länger können wir überleben ohne feste Nahrung, ein paar Tage ohne Wasser, aber nur ein paar Minuten ohne Luft. Luft ist unser Grundnahrungsmittel.

Deshalb finden wir es merkwürdig, dass um Menge und Qualität unserer Nahrung so viel mehr Theater gemacht wird als um unser Trinkwasser, und ums Trinkwasser noch viel mehr als um unsere Atemluft und ums Atmen.

Auf der einen oder anderen halbherzig geführten UN-Konferenz macht man sich zwar Sorgen um die Luftqualität, und es existieren auch schon Grenzwerte (für Erwachsene, Kinder gehen an diesen Grenzwerten zugrunde), aber so recht als Problem hat man die Luftqualität noch nicht anerkannt. Dies wird auch daran erkennbar, dass sich die allergrößten Luftverschmutzer unter den Staaten am allerwenigsten darum kümmern.

Vielleicht verbirgt sich hier ein Grund dafür, warum wir das Atmen so stiefmütterlich behandeln, geschweige denn, dass wir etwas über richtiges und falsches Atmen erfahren. Jede Anstrengung, sich gut zu informieren, muss immer noch vom Einzelnen kommen; an den Schulen gehört das nicht zum Lehrplan.

Die folgenden Grundregeln für das Atmen während der Übungen gelten für jede körperliche Anstrengung:

- Soll die Atmung gesund sein, so muss die Luft durch die Nase eingeatmet werden. In den Nasengängen wird sie nämlich gereinigt, erwärmt, angefeuchtet und geprüft. Atmen Sie durch den Mund ein, so gelangt die oft kalte, trockene oder staubige Luft ohne Reinigung und Prüfung in die Lunge und richtet schon im Kehlkopf, dann in der Luftröhre und zuletzt in den Bronchien und den Lungenbläschen Unheil an.
- Atmen Sie immer *mit* der Anstrengung, dem Anspannen, dem Ausdehnen aus. Vielleicht stellen Sie sich als Hilfe vor, wie der Atem nicht durch die Lungen ausströmt, sondern durch den Körperteil, den Sie gerade anspannen.
- Atmen Sie immer erst dann wieder ein, wenn Sie sich entspannen und wieder loslassen.
- Wenn Sie sich langsam anspannen oder eine Muskelspannung lange halten, dann versuchen Sie, ebenso lange auszuatmen. Einfach die Luft in der Lunge gut einteilen, bis Sie sich wieder entspannen.
- In Zeiten des Ruhens und Meditierens zwischen den Übungen einfach ruhig weiteratmen.
- Ein besonderer Tipp: Achten Sie einmal bei einer Anspannungsphase

auf Ihre Gesichtsmuskeln. Sie sollten versuchen, zu jedem Zeitpunkt vollkommen entspannt zu sein, auch dann, wenn ein anderer Körperteil sich gerade anspannt.

Das verzerrte Gesicht während großer körperlicher Anspannung dient nur der Show im Fernsehen oder im Kino. Es verschwendet ungeheuer viel Energie, die zur Bewältigung der anstehenden Aufgabe fehlt. Beobachten Sie einmal das Gesicht guter fernöstlicher Kampfkünstler, während sie scheinbar Unmögliches mit Händen und Füßen vollbringen. Der Ratschlag »Zähne zusammenbeißen und durch!« kann nur von jemandem stammen, der den Körper und seine Energieflüsse nicht kennt.

Sie werden generell die Erfahrung machen, dass diese einfachen Grundregeln des Atmens, auf *jede* körperliche Anstrengung übertragen, zu viel mehr Ausdauer und zu viel weniger Muskelkater führen.

Jeder körperliche Zustand und jeder Gefühlszustand hat seine eigene Atmung. Wenn Sie darauf achten, können Sie bewusst Ihre Atmung verändern und dann dadurch eine »Einladung« an den gewünschten Zustand aussprechen, der er meist folgen muss.

Nach diesem Prinzip funktioniert auch die *Heilatmung,* die wir Ihnen hier vorstellen möchten:

Bei der Heilatmung atmen Sie bei geschlossenem Mund langsam und ruhig durch die Nase ein. Zuerst soll sich dabei der Bauch heben und dann der Brustkorb. Beim Ausatmen dann zieht sich die Bauchmuskulatur zusammen, der Brustkorb senkt sich. Am Schluss des Atemzugs schnaufen Sie einige Male heftig aus, um den »letzten Rest« der Luft auszuatmen.

Solch ein Atemzug dauert bei einiger Übung 30 bis 60 Sekunden. Wer also morgens sieben Atemzüge Heilatmung macht, braucht dazu drei bis fünf Minuten. Regelmäßig durchgeführt, können Sie dadurch Ihre Gesundheit in ungeahnter Weise fördern. Pflegen Sie einfach die frohe Überzeugung, dass das Atmen heilt; pflegen Sie den Willen, gesund und leistungsfähig zu sein.

Die Heilatmung wirkt sich auch auf die übrigen inneren Organe sehr günstig aus – gleichsam wie eine innere Massage. Venen, Herz, Leber, Magen, Darm, Beckenorgane, ja sogar das Gehirn spüren den massierenden Druck und Zug der Atmung. In erster Linie durch tiefes Atmen kann sich der Körper der überschüssigen Kohlensäure entledigen, die nach Umwandlung in Kohlendioxid im Ausatmen verschwindet.

4. Siebenmal ist unsere Zahl

Wenn Sie schon vertraut sind mit gymnastischen Übungen, wenn Sie selbst schon Kurse besucht haben, Aerobics, Yoga und dergleichen, werden Sie sich vielleicht ein wenig darüber wundern, warum Sie bestimmte Bewegungen im Rahmen der Mondgymnastik soundso oft und soundso lange durchführen sollen. Meistens sollen sie nämlich siebenmal oder sieben Sekunden lang gemacht werden. Oder ein Vielfaches der Zahl Sieben – vierzehn oder einundzwanzig.

Der Grund dafür beruht auf dem *Siebener-Rhythmus,* der das menschliche Leben als Ganzes und dabei auch unsere Körperfunktionen durchdringt und somit überall in unserem Dasein eine Rolle spielt.

Unsere Körperzellen erneuern sich im Siebener-Rhythmus. Alle sieben Sekunden sterben bestimmte Zellen und geben ihre *Information* an die neuen Zellen weiter. Ohne diese Information, die sie auf energetischem Weg empfängt, wüsste die neue Zelle nicht, was sie tun soll.

Dabei vermitteln die Zellen weiter, was sie gelernt haben – gestörte oder gesunde Informationen, glückliche oder unglückliche Informationen, Informationen der Willenskraft oder Bequemlichkeit.

Jede Zelle existiert ausschließlich durch die Information, die sie erhält. Ohne die Information stirbt sie ab und wird ausgeschieden, oder sie verwandelt sich in eine chaotisch wuchernde Zelle ohne Ziel…

Alles Leben ist im Fluss, in Bewegung, ist immer Informationsweitergabe.

Hier verbirgt sich der Grund, warum wir unseren Eltern ähnlich werden und häufig als Erwachsene die gleichen Fehler begehen wie sie, obwohl es oftmals das Letzte ist, was wir uns wünschen. Wir sind schon »geprägt«, abgestempelt – eben informiert. Jede Lüge ist eine Information, die prägt und schiebt und färbt. Jede gute Nachricht ist Information, die im Körper wirkt.

Stellen Sie sich vor, Sie erhalten eine gute Nachricht. Was geschieht da in Ihrem Körper? Milliarden Zellen tanzen mit Ihnen. Erst kürzlich haben Wissenschaftler herausgefunden, dass Menschen, die viel lachen und viel küssen, eine um zehn Jahre höhere Lebenserwartung haben als Menschen, die das nicht tun. Schön, dass die moderne Wissenschaft auch entdeckt, was der gesunde Menschenverstand schon längst weiß.

Erinnern Sie sich an die Geschichte von den Waisenkindern, wenn Sie unser Buch *Aus eigener Kraft* gelesen haben? Kurz nach dem Ersten Weltkrieg arbeitete ein junger Arzt in einem der zahlreichen überfüllten Waisenhäuser Europas. Eines Tages fiel ihm auf, dass die Kleinkinder einer bestimmten Abteilung fröhlicher und lebhafter wirkten, besser genährt aussahen, seltener krank wurden und allgemein in einem viel besseren Gesundheitszustand waren als alle anderen Kinder der gleichen Altersstufe. Anfangs ließ seine medizinische Ausbildung den Arzt die Überzeugung gewinnen, dass irgendjemand die Kinder aus privaten Beständen ernährte – zusätzlich zur Alltagskost des Waisenhauses.

Nach einiger Zeit stellte er jedoch fest, dass das nicht der Grund für den besseren Zustand der Kinder war. Ihre Ernährung war genau die gleiche wie bei den anderen Kindern gleichen Alters. Es gab nur einen einzigen Unterschied: Im Gegensatz zum übrigen Personal machte sich der zuständige Betreuer des hoffnungslos unterbesetzten Heims die »zusätzliche Mühe«, jedes Kind vor dem Füttern aus dem Bett zu heben, es in den Armen zu wiegen, zu streicheln und zu drücken, bevor er ihm das Fläschchen gab und es wieder zurücklegte.

Was für einen Nährstoff hat der Betreuer den Kindern zukommen lassen? Ist es ein Nährstoff, den ein Chemiker oder Physiker wissenschaftlich nachweisen kann? Übrigens, die Wiener Ärztin Marina Marcovich bediente sich der gleichen »Methode« und rettete vielen Frühgeborenen das Leben, viel mehr als ihre Kollegen mit den Maschinenmedizin-Methoden. Trotzdem wurde sie von der Schulmedizin unnachsichtig verfolgt und kaltgestellt. Und dies geschah nicht im vorletzten Jahrhundert, sondern unmittelbar vor dem Wechsel ins Jahr 2000.

Machen wir uns doch dieses Wissen zu Eigen und zunutze – und informieren wir uns neu! Informieren wir uns selbst! Mit lebendiger Energie, die alle schlafenden, beleidigten, betäubten Zellen auf Vordermann bringt.

Zerreißen wir das Drehbuch, das Eltern, Zeitgeist und »moderne Trends« für uns schreiben! Und schreiben wir unser eigenes Drehbuch. Es ist zu jedem Zeitpunkt möglich, damit zu beginnen.

Zurück zur Zahl Sieben und zu einigen Beispielen, die das Verständnis erleichtern können:

Wenn Sie eine körperliche Spannung *sieben Sekunden* lang halten, hat sie eine Art Höhepunkt erreicht, eine kleine »Schallmauer« ist durchbrochen. Sie haben Ihren Muskeln eine präzise, gültige und für die Muskeln hörbare Information gegeben: »Wacht auf!« Die Muskeln werden folgen. Nur eine Sekunde früher aufgehört, und die Wirkung ist um ein Vielfaches geringer.

Dauert die Anspannung länger als sieben Sekunden, so tun Sie etwas für Ihre Ausdauer, aber nicht mehr direkt für den Muskel. Deshalb ist es sinnvoller, nach sieben Sekunden Anspannung eine Pause von sieben Sekunden einzulegen, weil die Information »Entspann dich wieder« dann ihr Ziel erreicht hat. Anschließend können Sie je nach Gefühl wieder sieben Sekunden anspannen… und so fort.

Auch unser Erinnerungsvermögen bedient sich der Zahl Sieben. Nach siebenmaliger Wiederholung speichert unser Gehirn im Langzeitgedächtnis Worte, Zusammenhänge und Bewegungsabläufe. Man kann das jetzt nicht ohne weiteres verallgemeinern, aber die Erfahrung mit diesen Dingen wird Sie überraschen. Besonders fruchtbar einsetzbar ist dieses

56

»Naturgesetz« beispielsweise bei der Arbeit mit Kindern, denen das Lernen schwer fällt.

Unsere Zellen arbeiten einfach nach diesem Prinzip der Zahl Sieben.

Wenn Sie sich sieben Tage lang gesund ernähren, haben Sie einen Durchbruch geschafft, den Ihr Körper nicht mehr vergisst. Nur einige Stunden früher damit aufgehört, und der Effekt geht irgendwann verloren.

Wenn Sie sieben Monate lang Ihren Körper mit bestimmten positiven Gedanken gefüttert haben, etwa durch regelmäßiges Gebet, dann haben Sie viel erreicht und eine dauerhafte Basis fürs Weiterkommen geschaffen.

Wenn Sie sieben Jahre lang einem bestimmten Charakterfehler, der in Ihrer Familie seit Generationen als »normal« weitergegeben wird – beispielsweise falscher Stolz auf überflüssige Dinge –, keine Chance lassen, dann hat er mit Ihnen zu existieren aufgehört. Und Ihre Kinder sind ebenfalls davon befreit, weil Sie ihn auch unbewusst nicht mehr weitergeben.

Die gesamte Entwicklung eines Menschen verläuft in Siebenjahresschritten. Übertrieben ausgedrückt: Nach sieben Jahren können Sie mit der Erziehung eines Kindes aufhören, denn die Grundlagen sind geschaffen. Alles Weitere ist Reifung auf *dieser* Basis. Beobachten Sie selbst, was mit Menschen an den Siebenjahresgrenzen geschieht. Nicht ohne Grund war man früher erst mit 21 Jahren volljährig.

Eine wichtige Anwendung dieser Regeln besteht beispielsweise darin, im Zorn sieben Sekunden lang ruhig zu atmen und zu schweigen, bevor man etwas sagt und reagiert. Jede Kindererziehung wäre ein »Kinderspiel«, wenn Sie auf diesen einfachen Zusammenhang achten würden. Sieben Sekunden lang abwarten, positiv denken, bei Problemen mit Kindern, am Arbeitsplatz, überall. Die Welt sähe anders aus.

Uns gelingt das natürlich auch nicht so oft, wie wir es uns wünschen würden; das ändert aber nichts an der Gültigkeit.

Zusammengefasst: Wenn Sie nur sieben Sekunden lang etwas gut machen, etwas besser machen als sonst, sind Sie schon ein anderer Mensch. Umso mehr, wenn Sie es sieben Minuten, sieben Stunden – sieben Jahre lang schaffen.

5. Selbstdisziplin und Rivalität

Selbstdisziplin ist für die Mondgymnastik nötig – der Zwang, unbedingt besser zu sein als andere Menschen, ist es nicht. Rivalität und Konkurrenzdenken sind sehr schlechte Ratgeber.

Lassen Sie uns aber einige Worte zu diesem Thema verlieren.

Einer der besten Ärzte, ein wahrer Freund des Menschen, der viele »unheilbare« Fälle kuriert hat, erzählte einmal, er mache seinen Patienten im allerersten Gespräch stets eindringlich klar, dass sie ab sofort 20 Minuten täglich nur für sich selbst da sein müssen. Nur drei von zehn dieser Menschen, die ihn zuvor oft als »ihre letzte Hoffnung« angesprochen hatten, sah er danach wieder.

Brauchen Sie Selbstdisziplin, um die Mondgymnastik regelmäßig zu machen?

Ja. Denn Sie haben ja gehört: Später im Buch wird es um Zahl und Dauer gehen. Sie benötigen daher diese Information, weil sie Ihnen alles viel leichter macht.

Lassen Sie uns also ein wenig beleuchten, was echte Selbstdisziplin ist.

Selbstdisziplin im besten Sinne des Wortes, im *eigentlichen* Sinne des Wortes hat mit Selbstliebe und Zielbewusstsein zu tun. Sie brauchen den freien Willen und die Liebe zu sich selbst, um diszipliniert sein zu können.

Warum brauchen wir Selbstdisziplin?

Vom Augenblick unserer Geburt an droht oder lächelt uns von jeder

Plakatwand, aus jedem Fernseher, aus zahllosen Gesichtern, in fast jeder Lebenssituation eine starke Kraft entgegen, deren einzige Absicht darin besteht, uns zu entmündigen und die Verantwortung für unser Leben abzunehmen.

Jeder kennt diese Kraft. Wer sich ihr anvertraut, gibt sich mit eingebildeten Fortschritten zufrieden, macht sich von der Zustimmung anderer abhängig, wird allmählich bequem, hört schon nach kurzer Zeit auf zu lernen.

Natürlich wollen wir nicht den Eindruck erwecken, dass Information und Werbung generell abgeschafft gehören. Wie sollten wir sonst wissen, was es alles gibt? Auch gute Nachrichten und gute Produkte brauchen Wege zum Publikum und zu den Kunden. Es ist nur: Das Blenden und die bewusste Vorspiegelung falscher Tatsachen sind es (wenn Atomstromerzeuger mit grünen Auen werben oder Saatguthersteller mit der Behauptung, die Ernährungsprobleme der Welt zu lösen), die uns allen zum Hals heraushängen.

Selbstdisziplin haben wir auf unserer Reise mitbekommen, um den Verführungskünsten dieser Kraft entgegenzuwirken, mit Liebe, Selbstliebe, Beharrlichkeit. Bis wir den Durchbruch schaffen zur Unbestechlichkeit – und zur echten Lebensfreude.

Bedenken Sie also: Wenn Selbstdisziplin tief im Innern Nachahmung und blinder Gehorsam ist, dann ist sie alles, nur keine Selbstdisziplin. Dann ist es blanke Trägheit, verborgen unter glanzvollen Gewändern. Diese versteckte Bequemlichkeit ist es, die dem Begriff Selbstdisziplin den unangenehmen Beigeschmack gegeben hat. Den Geschmack von Hierarchie und Sklaverei, Selbstkasteiung und Herzenskälte.

Echte Disziplin ist positiv für die Charakterbildung, führt zu Unabhängigkeit, Unbestechlichkeit und echter Lebensfreude. Dann ist sie »meine Disziplin«, eine menschenwürdige Disziplin. Dann erweist sie sich als das, was wir auch als Zivilcourage bezeichnen – als echten Mut, der nicht auf den erhofften Lohn schielt.

Disziplin ohne Liebe und Freude ist eine gefährliche Fähigkeit, weil sie mich leicht in eine Marionette in Händen der kalten Kraft verwandelt. Lieber weniger Disziplin in meinem Leben als gefühllose und fanatische Disziplin.

Also: Sie brauchen für die Mondgymnastik Selbstdisziplin, und das ist nichts anderes als ein anderes Wort für Selbstliebe.

Und wie steht's mit Konkurrenzdenken und Rivalität? Jenes Denken, das uns die merkwürdigsten, unvernünftigsten Dinge tun lässt, nur um irgendetwas zu »beweisen«? Das Denken, das viele von uns aufs Krankenbett oder ins Grab bringt, nach einem langen freudlosen Alltag?

Hierzu eine Geschichte aus dem Orient, die in knapper und prägnanter Weise eine umfassende Antwort liefert. Darin wurde ein großer Lehrer der echten Lebenskunst gefragt, was er persönlich von »gesundem Konkurrenzdenken« halte.

In seiner kurzen Antwort bezeichnete der Meister den Konkurrenzkampf im Leben und besonders in der Arbeitswelt als großes Übel. »Aber holen Wettbewerb und Konkurrenz nicht das Beste aus uns heraus?«, fragte ein Anwesender.

»Sie holen das Schlimmste aus Ihnen heraus, denn sie lehren Sie den Hass.«

»Hass worauf?«, wollte der Besucher wissen.

»Zuerst auf *Sie* selbst – denn Sie geben die Erlaubnis, dass Ihr Tun und Lassen von anderen bestimmt werden und nicht von Ihren Notwendigkeiten, Grenzen und vor allem von Ihrem Herzen. Und dann Hass auf *andere Menschen* – denn Sie versuchen, sich auf Kosten der anderen Menschen zu entfalten.«

»Das würde aber bedeuten, dass wir auf alle Veränderung und allen Fortschritt verzichten müssten«, erhob ein Besucher Einspruch.

Der Meister entgegnete: »Der einzige echte Fortschritt war zu allen Zeiten der Fortschritt der Liebe. Die einzige Veränderung, die erstrebenswert ist, ist die Veränderung des Herzens zum Guten, zur Liebe. Was die Menschen ›Fortschritt‹ nennen, ist nur eine Verbesserung der Qualität ihrer Werkzeuge. Sie dürfen darüber nicht den echten Fortschritt vergessen, nämlich die Bildung der Herzen, die sich der Werkzeuge bedienen.«

Dem haben wir nichts hinzuzufügen.

6. Tipps und Anregungen

Die beste Tageszeit für die Mondgymnastik

Oftmals tauchte die Frage auf, wann genau die Übungen am sinnvollsten durchzuführen sind und am besten wirken. Abgesehen von gezielten Spezialanwendungen sollte das voll und ganz Ihrem Gefühl überlassen bleiben. Einmal angenommen, es fällt Ihnen sehr leicht, morgens aufzustehen. Dann hätten Sie auch keine Probleme, den Wecker auf fünf Minuten früher zu stellen, nicht wahr?

Eine andere Leserin empfindet, dass sie *genau deshalb* die Übung nicht morgens durchführen würde, sondern erst dann, wenn sie in der Regel etwas erschöpft ist, beispielsweise nach der Arbeit oder nach dem Abendessen. Die Wirkung der Übung wäre dann, dass sie neue Kraft und Aufmunterung verspürt und nicht in Versuchung gerät, vor dem Fernseher in sich zusammenzusacken, um einen weiteren Abend zu vergeuden.

Lassen Sie Ihr Gefühl sprechen. Meistens jedoch wird man sich für einen Termin nach dem Aufstehen und kurz vor dem Schlafengehen entscheiden.

Niemand zu Hause!

Das ist für manche Leserinnen und Leser vielleicht der wichtigste Ratschlag von allen: Seien Sie während der Übungen für absolut niemanden erreichbar (außer Ihr Haus brennt)! Kein Telefon, kein Handy, keine Kinder. Sorgen Sie dafür, dass alle in Ihrer Umgebung diese Minuten als

»heilig« respektieren. Bei vielen Leserinnen und Lesern wird der Erfolg der Mondgymnastik mit der Befolgung dieses Rates stehen und fallen.

Ein Beispiel: Angenommen, Sie besitzen ein Handy und lassen es sogar nachts angeschaltet – in hörbarer Nähe, auf dem Nachttisch, sonst wo.

Wir möchten Ihnen eindringlich versichern: Selbst wenn das Handy sieben Tage lang nicht klingelt, haben Sie während dieser Zeitspanne Ihrem Nervenkostüm eine völlig unnötige, zusätzliche Belastung aufgebürdet! Und zwar dermaßen, dass Sie mit hoher Wahrscheinlichkeit in dieser Woche nicht eine einzige Minute lang so tief entspannt waren, wie es unser armer, verwirrter Körper so dringend brauchen würde in dieser irren Zeit.

Fast ausnahmslos leben wir alle in der »zivilisierten« Welt im Zustand von Menschen, die in der Einflugschneise eines Flughafens wohnen und deren Gehör nicht mehr zwischen feinen Tönen unterscheiden kann. Wir kennen Menschen, die erstmals einen Urlaub auf dem Bauernhof in Tirol gebucht hatten und nach zwei Tagen wieder abreisen mussten, weil sie die wahre Stille der Nacht nicht ertrugen …

Noch einmal: Seien Sie während der Übung nicht erreichbar. Das verwandelt die Übung in ein kleines geschütztes Paradies der Regeneration und echten Entspannung. Legen Sie sogar Ihre Uhr ab!

Manche von Ihnen werden zum ersten Mal seit sehr langer Zeit während der Mondgymnastik wieder fühlen können, was Entspannung überhaupt bedeutet. Und vielleicht dadurch auch einen Zustand erlangen, der es erst ermöglicht, einen klaren Blick auf die eigene Situation zu gewinnen und vieles zum Besseren zu verändern.

Wer pausenlos auf der Jagd oder auf der Flucht ist, kann nicht erkennen, welchen Sinn das Rennen macht: ob die Beute es wert ist, ob der Jäger so Furcht erregend ist. Es dauert noch einige Jahre, bis wir begriffen haben, dass der Ausschaltknopf das wichtigste Element eines Handys ist. Ebenso wie beim Fernseher.

Wippen Sie niemals nach!

Anders gesagt: Versuchen Sie niemals, eine körperliche Reichweite zu »verbessern«, indem Sie mit Wippbewegungen Arme oder Beine immer weiter dehnen. Bestes Beispiel: das Wippen, um im Stehen, mit den ausgestreckten Armen dem Boden oder in der Grätsche den Fußspitzen näher zu kommen.

Wir haben selbst den Fehler begangen, wie auch Generationen von Gymnastik- und Sportlehrern vor uns. Merkwürdig, über Jahrzehnte haben Sportlehrer immer wieder die Erfahrung gemacht, dass Wippen nichts bringt, ja sogar oftmals eine Verschlechterung der Beweglichkeit eintritt. Und trotzdem haben Generationen von Schülern, Sportlern, Rekruten wippen müssen wie Hühner auf der Suche nach Körnern...

Eine kleine Parabel vom Automobil (Folge 2)
Jeder Autofahrer weiß, was es bedeutet, Vollgas zu geben mit eingelegtem Gang und gleichzeitig mit aller Kraft die Handbremse zu ziehen. Welche Verschwendung! Und schon nach kurzer Zeit glühen die Bremsen, sie leben nicht mehr lange. Merkwürdig, dass so viele Jahrzehnte die Mechaniker des Körpers das Nachwippen empfohlen haben...
(Fortsetzung folgt)

Warum ist Wippen so schädlich? Die Erklärung ist eigentlich ungeheuer einfach. Jeder Muskel, der ruckartig gedehnt wird, zieht sich sofort danach in *unwillkürlicher* (= unfreiwilliger) Bewegung zusammen. Zudem schützt sich der Körper vor der Gefahr der Überdehnung und aktiviert folglich den Gegenspieler des Muskels. Sie erreichen also das Gegenteil einer Dehnung, das Gegenteil eines Energieflusses.

Dehnen Sie, strecken Sie, ziehen Sie zusammen – langsam, zärtlich zu sich selbst.

Rechts beginnen!

Fast alle Übungen der Mondgymnastik werden Sie beidseitig ausführen, also an beiden Armen, beiden Beinen, Füßen, Körperseiten usw.

Die Grundregel lautet: Beginnen Sie immer *rechts!* In erster Linie ist das eine Gefühlssache, aber zu den offensichtlichen Gründen hierfür zählt, dass dadurch das Herz geschont wird.

Die Schmerzgrenze ist tabu!

Wie lautet ein Grundprinzip des Mondwissens?

Alles, was man für das Wohlergehen jener Körperregionen und Organe tut, die von dem Zeichen regiert werden, das der Mond gerade durchwandert, ist doppelt sinnvoll und wirkt doppelt wohltuend.

*Alles, was die Körperregion und Organe, die von dem Zeichen regiert werden, das der Mond gerade durchschreitet, **besonders belastet oder strapaziert**, wirkt doppelt ungünstig oder gar schädlich.*

Und schon leuchtet ein, warum es sehr wichtig ist, bei der Mondgymnastik nicht an Schmerzgrenzen zu gehen oder sie gar zu überschreiten. Eine Überdehnung der Wadenmuskeln ist nicht lustig, aber wenn auch noch gerade der Mond im Wassermann steht, kann es ein paar Tage länger dauern, bis Sie wieder wie gewohnt aktiv werden können.

Jede Verletzung oder Übertreibung hat zu einem ungünstigen Zeitpunkt im Mondrhythmus einfach gravierendere Folgen als zu jedem anderen Zeitpunkt.

Übertreiben Sie also nichts, bleiben Sie aufmerksam, lassen Sie dem Leistungsgedanken keine Chance! Sie haben genug geleistet, wenn es Ihnen gelingt, die Mondgymnastik regelmäßig zu praktizieren.

Viel Freude dabei!

Teil III
LOS!

A. Die Mondgymnastik

Der Mensch sehnt sich zu leben, intensiv,
aus dem Vollen schöpfend und empfindend.
Wenn er das zuwege bringt,
ohne Zwang zu dulden oder zu üben,
wenn ihm jede Tätigkeit Freude weckt und Freude ist,
wird er kräftiger, gesünder sein
und Kultur gewinnen: Er wird er selbst sein.
OSCAR WILDE

1. Die drei Grundübungen

Unabhängig vom Mondstand beginnt jede Mondgymnastik mit drei
Grundübungen, die wir Ihnen hier als Erstes vorstellen wollen. Wie der
Zündfunke zum rund dahinschnurrenden Motor, so verhalten sich diese
einfachen Bewegungen zu den Übungen für den jeweiligen Mondstand
im Tierkreis. Sie sind die Muntermacher für Körper, Geist und Seele – der
beste Weg, dem inneren Schweinehund von Anfang an mitzuteilen, wer
der Chef im Haus ist. Wohlgemerkt – ein *wohlwollender* Chef, nicht ein
sturer Despot, der langfristig mehr zerstört, als er Gutes bewirkt. Ohne
diese Starthilfe wirft die Mondgymnastik nicht jenen Gewinn ab, den sie
erzielen soll.

Eine kleine Parabel vom Automobil (Folge 3)
Jeder Autofahrer weiß, dass er sein treues Gefährt sanft behandeln

muss, bis es die optimale Betriebstemperatur erreicht hat. Und dies umso mehr, je kälter es draußen ist. Mit Vollgas vom ersten Augenblick an fahren, ist ein sicherer Weg, die Werkstatt besser kennen zu lernen, als dem Fahrzeugbesitzer und seinem Geldbeutel lieb sein kann. (Fortsetzung folgt)

Der Sinn der Grundübungen ist es zuerst, täglich und regelmäßig die Aufmerksamkeit auf die wichtigste Energie-»Autobahn« des Körpers zu lenken, sie zu aktivieren und zu kräftigen – nämlich unsere Wirbelsäule. Zweitens bringen die Grundübungen den Kreislauf in Gang – eine der wesentlichsten Voraussetzungen für das Aktivieren und Pflegen schlafender, wenig trainierter Körperregionen.

Unsere Wirbelsäule verdient viel Aufmerksamkeit: Verschobene Wirbel, verkrampfte Muskeln entlang der Wirbelsäule üben Druck auf Nervenbahnen aus, bilden Störfelder im Rücken, die wiederum eine Vielzahl von Dauerschmerzzuständen und Krankheiten auslösen: von Spannungs- und Muskelschmerzen über Ohrensausen, Sehstörungen, Ischias, Bandscheibenschäden, Migräne, Herz-, Verdauungs- und Atembeschwerden und vieles mehr.

Wir gehen einfach zu leichtfertig mit unserer Wirbelsäule um, besonders mit den Wirbelsäulen unserer Kinder. Fast 90 Prozent aller Kinder weisen irgendeine Form von Haltungsfehler auf, weil diesem Problem und vor allen Dingen den langfristigen Folgeschäden oftmals zu wenig Beachtung geschenkt, geschweige denn der richtige, unverkrampfte Umgang mit dem eigenen Körper gelehrt wird.

Wie so oft möchten wir Sie auch hier daran erinnern, dass der Wahnsinn Methode hat. Gesunde, unabhängige und innerlich zufriedene Menschen, ob jung oder alt, sind schlechte Konsumenten in unserer Welt, sind miserable Verbraucher »normaler« Nahrungsmittel, Heilmittel und Ersatzbefriedigungen. Also können Industrie, Politik und Wirtschaft an solchen Menschen kein echtes Interesse haben. Was den Menschen wahren Frieden schenkt, wird bekämpft, was ihn abhängig macht, gefördert. Nur *Sie persönlich* können an Ihrer Gesundheit und der Ihrer Kinder ehrliches Interesse entwickeln – wir werden niemals nachlassen, das zu betonen.

Was die Wirbelsäulen unserer Kinder betrifft: Sie bewegen sich von Natur aus anders und viel mehr als Erwachsene, deshalb renkt sich bei ihnen ein »entgleister« Wirbel oftmals ebenso schnell wieder ein, wie er sich – durch einen kleinen Unfall und dergleichen – verschoben hat. Je älter wir allerdings werden, desto stärker wirken bewegungshemmende Einflüsse auf uns ein, durch ängstliche Gedanken oder den Zwang zur Unbeweglichkeit im Alltag des Heranwachsens, aber auch infolge unserer »normalen« Ernährung – zu viel Fleisch und Weißmehl, Fertiggerichte, Süßigkeiten, zuckerhaltige Getränke usw.

Noch etwas kommt hinzu: Für fast jeden körperlichen Starrezustand gibt es ein Gegenstück in unserer Gedankenwelt, das dem Maß der körperlichen Unbeweglichkeit entspricht. Eine allmählich unbeweglicher werdende Wirbelsäule befindet sich oftmals im Gleichtakt mit einer generellen Verhärtung der Ansichten und Einstellungen im Leben. Langsam ist das Glas nicht mehr erfreulich halb voll, sondern bejammernswert halb leer.

Unser Geist, unsere Gedanken und Lebenseinstellungen können die Wirbelsäule in die Knie zwingen mit Gedanken wie: »Ich hab es einfach nicht im Kreuz, diese Sache drückt mich nieder«, oder: »Ständig muss ich mich nach etwas oder jemandem richten. Ich habe Angst, ich drehe und winde mich nach allen Seiten, versuche, nirgendwo anzuecken und jedem gerecht zu werden.«

An der Körperhaltung eines Menschen lässt sich oftmals seine ganze Lebenseinstellung ablesen. Lastet etwas auf ihm, nimmt er alles schwer, oder reist er mit leichtem Gepäck, weil es nichts gibt, was sich ernst zu nehmen lohnt, mit Ausnahme der Reifung seiner Seele?

Die gute Nachricht aber ist: Umgekehrt können Sie durch die vielen kleinen Schritte der Mondgymnastik auch eine verhärtete, zaghafte, mutlose Lebenseinstellung wieder in Fluss bringen. Von null auf hundert ist nicht jedermanns Sache. Eher im Gegenteil. Aber innerhalb eines Monats von zwei Minuten auf zweieinhalb Minuten täglich steigern – das ist machbar, oder?

Die Beweglichkeit des Körpers und besonders die der Wirbelsäule zu erhalten, ist also ebenso wichtig wie die Gewährleistung des stetigen Verkehrsflusses in einer Stadt. Wenn die Räder stillstehen, ist's um die Versorgung schlecht bestellt – in jeder Hinsicht. Umso wichtiger sind deshalb die Grundübungen, die wir Ihnen als tägliche kleine Praxis ans Herz legen wollen:

Hier geht's los! – Die erste Grundübung

Selbst wenn Sie sich in den nächsten zehn Jahren nur mit dieser einen Übung täglich zwei Minuten lang befassen, haben Sie nicht wenig getan, um gesund zu werden und zu bleiben. Sie wirkt fast immer stärker als jede Tasse Kaffee oder Tee. Und so geht's:

Legen Sie sich auf den Rücken. Nicht in Ihr weiches Bett, sondern vielleicht auf einen Teppich oder Teppichboden. Oder aufs Parkett mit einem dicken Badetuch als Unterlage. Oder auf eine Badematte. Oder was auch immer Ihnen angenehm ist, wenn Sie die Übung schon ausprobiert und mit ihr vertrauter geworden sind.

Nicht gut wären ein zu kühler Untergrund und eine zu harte Fläche. Fühlen Sie selbst heraus, was letztlich am besten geeignet ist. Dieser Untergrund ist auch der beste für jede andere Übung in der Mondgymnastik, die Sie noch kennen lernen werden.

Wie gesagt, Sie liegen auf dem Rücken, die Arme und Hände seitlich ausgebreitet, die Handflächen auf dem Boden. Ziehen Sie nun die Beine mit angewinkelten Knien zu sich heran, Oberschenkel senkrecht zum Boden, Unterschenkel waagerecht, parallel zum Boden, die Füße in der Luft.

Stellen Sie sich vor, Sie würden im Liegen »sitzen« – dann haben Sie die richtige Haltung für dieses Pendeln Ihrer Hüften nach rechts und links.

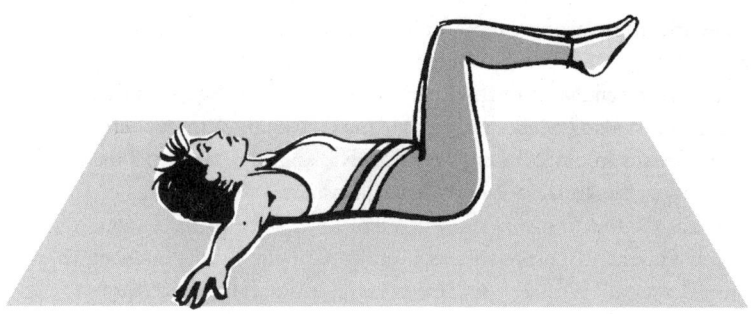

Legen Sie beide Beine jetzt langsam zuerst auf die rechte Seite, bis die Außenseite des rechten Knies den Boden berüht. Stellen Sie sich einfach vor,
wie Sie die linke Hüftkugel in Richtung Oberschenkel verlängern. Atmen Sie dabei aus.

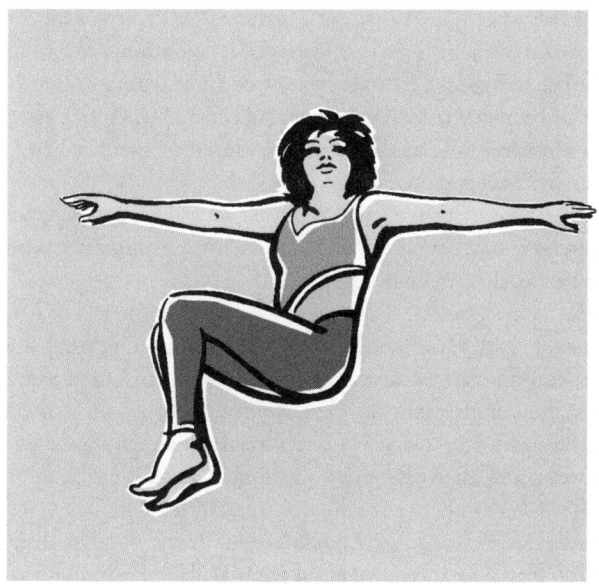

Atmen Sie ein, während Sie die Beine wieder in die Senkrechte heben, atmen Sie aus, wenn Sie sie jetzt auf die linke Seite sinken lassen. Dabei liegen die Handrücken weiterhin flach auf dem Boden, und die Schultern sollten möglichst ebenfalls den Kontakt zum Boden nicht verlieren. Anfangs ist Letzteres etwas schwierig und auch nicht unbedingt nötig, aber im Laufe der Zeit fällt es leichter.

Wenn Sie ein ausgesprochenes Hohlkreuz haben, hilft ein kleines, weiches Kissen im Kreuz, um diese Übung optimal durchzuführen.

Wie oft? Die Häufigkeit dieser Übung sollten Sie ganz Ihrem Gefühl überlassen. Manchmal genügt ein drei- bis viermaliges Hinundherpendeln, manchmal stellt sich das befreiende Gefühl des Loslassens und des Kraftstroms erst nach acht- bis zehnmal Schwingen ein. Auch das Tempo verändert sich im Lauf der Zeit. Mitunter liebt man es schwungvoller, mitunter sanfter.

Welche Fehler können Ihnen unterlaufen? Nachwippen mit der Hüfte, um möglichst weit hinüberzukommen, ist wie immer schädlich, es bewirkt den gegenteiligen Effekt eines guten Energieflusses durch die Wirbelsäule. Zu viele Muskeln beteiligen sich dann an einem gegenseitigen Blockierspielchen, wie auch bei allen anderen gymnastischen Übungen, bei denen Sie nachwippen.

Auch der Einsatz von zu viel Kraft ist nicht gut, beispielsweise wenn Sie versuchen, das obere Bein und die Hüfte möglichst weit über die Senkrechte hinauszuschieben.

Und worauf sollten Sie sonst noch achten? Die Drehung der Hüften übertreiben oder an Schmerzgrenzen gehen – Sie wissen nun, dass das ebenfalls nicht angebracht ist. Unbedingt erlaubt ist aber, die Hüften so weit nachzuschieben, bis sie fast senkrecht oder senkrecht zum Boden stehen, wenn das zu Anfang nicht gelingt. Lassen Sie sich dafür aber so viel Zeit, wie Sie brauchen – und wenn es Jahre sind!

Wenn es im Bereich der Lenden- oder Brustwirbelsäule bei dieser Übung ein wenig knackst – keine Sorge! Sie haben nur an sich selbst getan, was auch ein geübter Chiropraktiker tun würde: Wirbel befreien und die Energiebahnen durchpusten.

Die zweite Grundübung

Auch diese Übung ist so schlicht, dass man an der fabelhaften Wirkung zweifeln könnte, so sehr haben wir uns schon an das »Komplizierte« im Leben gewöhnt.

Setzen Sie sich (mit jetzt schon belebter und aufrechter Wirbelsäule!) gerade hin, am Bettrand oder sonst wo. Sie können, wenn es sich bequem anfühlt, diese Übung auch auf dem Boden sitzend vollführen.

Falten Sie die Hände hinter dem Kopf, nicht im Nacken, sondern weiter oben. Lassen Sie dabei die Ellbogen entspannt herunterhängen, sodass Sie sie aus den Augenwinkeln sehen können.

Und nun *erlauben* Sie dem Gewicht Ihrer Hände und Arme, den Kopf nach vorn sinken zu lassen – bis es nicht mehr weitergeht, bis der Nacken gedehnt ist und Sie fühlen, wie alles da hinten in der Halswirbelsäule aufwacht und die Energien aus der erwachten unteren Wirbelsäule aufgenommen werden.

Wiederholen Sie diese Bewegung mindestens zweimal – jeweils sieben Sekunden lang. Und atmen Sie beim Herabsinken des Kopfes aus.

Und fühlen Sie anschließend in sich hinein – wie geht es Ihnen jetzt?

Machen Sie sich dieses Den-Wirkungen-Nachspüren zur Regel. Bleiben Sie immer am Ball mit Ihrem Bewusstsein und Ihrer wachen Aufmerksamkeit.

Versuchen Sie, während der Übungen nicht an kommende Aufgaben oder gestrige Versäumnisse zu denken. Nutzen Sie die Übungen auch zum Abschalten, zur Meditation, zur wohlverdienten Pause. Vor allem auch zum Schärfen Ihrer Sinne und Ihres Gespürs, damit Sie immer souveräner werden, immer unbestechlicher, immer freier von Abhängigkeiten. Das ist nämlich eine der »Nebenwirkungen« dieser Übungen.

Vielleicht nutzen Sie dieses Neigen des Kopfes für einen kurzen Gedanken an unseren »CHEF«, der über uns alle wacht, und an seine vielen Helfer, von denen mindestens einer auch für Sie da ist, für Sie ganz allein. Wenn Sie (jetzt noch) Schwierigkeiten mit solchen Gedanken haben, dann lernen Sie es – um Ihrer selbst willen…

Also, nach der zweiten Grundübung ist sie munter, die Wirbelsäule, vom Steißbein bis zu den Haarspitzen! Halten Sie inne und genießen Sie kurz das Gefühl.

Welche Fehler können Ihnen hier unterlaufen? Sie könnten Druck ausüben und den Kopf nach unten ziehen. Das entscheidende Wort ist bei dieser Übung der Ausdruck »erlauben«. Erlauben Sie der Schwerkraft, diese Übung für Sie zu übernehmen. Wie immer kommt es nicht auf »schneller, höher und weiter« an, sondern auf das Zulassen, dass die schlafenden Energien erwachen und für Sie tätig werden.

Und schließlich lassen wir den Motor an! Damit das Blut in Wallung gerät und der Kreislauf auf Touren kommt – dafür gibt's die dritte Grundübung…

Die dritte Grundübung

Ist es nicht schön und berührend, wenn man manchmal sehr alten Menschen begegnet, die mit viel Jüngeren an körperlicher und geistiger Wendigkeit und Lebenskraft mithalten können? Nicht im Sinne eines Rivalitätsgedankens, sondern als Ausdruck ihrer ungebrochenen Lebensfreude. Sie wissen genau, was wir meinen, wenn Sie beispielsweise an Johannes Heesters denken – an Picasso, an viele weitere bejahrte Künstler, die sicherlich zu keinem Zeitpunkt ihres Lebens einem ersehnten Ruhestand entgegendämmerten.

Diese Menschen haben das Leben, die Welt umarmt. Das wollen wir auch tun. Ja, *die Welt umarmen* – so könnte man die dritte Grundübung nennen. Sie wird im Sitzen oder im Stehen durchgeführt.

Breiten Sie Ihre Arme seitlich aus. Jetzt? Ja, warum nicht! Tun Sie's jetzt gleich, beim Lesen.

Ganz waagerecht ausstrecken, das ist wichtig! (Vielleicht am Anfang vor dem Spiegel üben, man neigt dazu, die Arme zu hoch zu halten). Mit ausgestreckten Fingern. Als ob Sie herausfinden wollen, wie groß Ihre Flügelspannweite ist. Als ob Sie Ihren besten Freund, Ihre beste Freundin nach langer Abwesenheit willkommen heißen.

Halten Sie die Arme in dieser Stellung anfangs drei, später sieben Sekunden lang. Achten Sie auf einen geraden Nacken – wie ein eleganter Turmspringer. Nicht den Kopf nach vorn schieben wie ein Geier.

Und jetzt bleiben Sie so und ballen Ihre Fäuste, so fest Sie es für gut halten. Männer sollten gut spüren, ob die Fingernägel wieder geschnitten werden müssten oder nicht. Frauen ballen die Fäuste gerade so fest, dass nichts abbricht… In dieser Haltung verharren Sie ebenfalls drei oder sieben Sekunden lang.

Öffnen Sie die Hände dann wieder, ganz weit, alle Finger ausgestreckt, so weit es geht. Ihre größte Spannweite! Wieder drei Sekunden lang, oder sieben.

Wiederholen Sie diese Übung so oft, bis Sie in den Unterarmmuskeln den Energiefluss spüren. Oder ganz nach Gefühl, am besten zu Beginn insgesamt nur eine Minute lang. Die Atmung kann sich nach Gefühl entwickeln, bei uns funktioniert das Einatmen beim Ballen der Fäuste gut, das Ausatmen beim Ausstrecken der Finger.

Und fühlen Sie dann, was diese Übung und Ihr Körper jetzt für Sie tun.

Welche Fehler können Ihnen unterlaufen? Der einzige Fehler bei dieser Übung wäre es, gleichzeitig Zeitung zu lesen. Mit der Morgenzeitung den Tag zu beginnen, ist generell eine der besten Methoden, sich sein Leben zu vermiesen oder gar zu verkürzen. Beobachten Sie sich einmal, wenn Sie morgens optimistisch und bester Laune aus dem Bett hüpfen. Und fühlen Sie in sich hinein, was aus diesem Optimismus *nach* der Morgenlektüre geworden ist.

Diese Übung, so seltsam es klingt, ist eine der besten Kreislauf-Übungen, die wir kennen. Wenn Sie einmal müde sind und sich keine Erholungspause leisten können oder wollen, wenn Sie gleichzeitig auf Tee und Kaffee verzichten wollen, dann kann Ihnen diese Übung in Minutenschnelle zum nötigen Schwung verhelfen.

2. Die Abschlussübung – ein Gruß an die Sonne

Jede Mondgymnastik-Übung endet mit einer Abschlussübung. Sie setzt den Punkt hinter die Abläufe, sie besiegelt einen Start in den Tag, wie er besser kaum sein könnte. Diese Übung steht auch am Ende einer bekannten Yoga-Übung – der »Sonnengruß«.

Heben Sie die Arme im Stehen hoch über den Kopf, parallel zueinander. Von der Seite sollte Ihr ganzer Körper einen Bogen beschreiben, von Kopf bis Fuß, ohne jedoch ins Hohlkreuz zu fallen. Dabei richten Sie Ihren Blick himmelwärts, schräg nach hinten.

Atmen Sie aus, zählen Sie dabei langsam bis sieben und ignorieren Sie das leichte Vibrieren oder Zittern, in das Ihr Körper möglicherweise verfällt. Es vergeht nach einigen Tagen oder Wochen und ist nur ein Zeichen dafür, dass Energien ins Fließen kommen und dabei auf Blockaden stoßen.

Wenn Sie bis sieben gezählt haben, atmen Sie aus, lassen Oberkörper, Arme und Kopf noch einmal kurz bis zum Boden hängen – und dann packen Sie den Tag beim Schopf!

3. Die Übungen für den Mondstand im Tierkreis

So, und nun wartet die Mondgymnastik darauf, Ihnen dienstbar zu werden. Sie haben sich mit drei einfachen, aber effektiven Übungen vorbereitet, haben dafür wenige Minuten Ihrer kostbaren Zeit am Morgen oder sonst wann geopfert, und Sie kennen die Abschlussübung, mit der Sie alles abrunden können.

 **Die Widder-Tage – Die Übung für helle Köpfe**
Um mit der »Gymnastik zum richtigen Zeitpunkt« zu beginnen, müssen Sie nicht warten, bis der Mond im Widder

steht. Blättern Sie einfach bis zu dem Tierkreiszeichen, das heute gerade herrscht, und beginnen Sie von dort.

In unserem Buch starten wir aber am Anfang – mit dem Widder, dem ersten Zeichen im Tierkreis.

In unserem Körper beeinflusst die Kraft, die an Widder-Tagen in der Luft liegt, den Kopfbereich bis etwas unterhalb der Nase, einschließlich des Oberkiefers.

Die Grundregel lautet hier: Was Sie in den zwei bis drei Widder-Tagen für Kopf, Augen- und Nasenregion Gutes tun, wirkt sich doppelt positiv, vorbeugend und heilend aus. Ausnahmen sind Eingriffe und Operationen in diesem Bereich.

Dass man an Widder-Tagen öfter zu Kopfschmerzen und Migräne neigt, liegt eben an der kopfbetonten, eher ungeduldigen Widder-Energie. Manchmal hat man an den Tagen zuvor Pflichten vernachlässigt oder manches schleifen lassen und will ausgerechnet jetzt »mit dem Kopf durch die Wand«. Lassen Sie die Wände in Ruhe, die können nichts dafür. Versuchen Sie es einfach mit den folgenden Übungen für die Widder-Tage.

Die erste Widder-Übung: Fassen Sie mit der rechten Hand die Nasenwurzel oder etwas oberhalb, und rubbeln und massieren Sie diese kleine Region sanft oder auch etwas fester, solange Sie daran Spaß haben. Legen Sie zwischendurch eine kleine Pause ein, und fühlen Sie einmal, welche Wirkung diese einfache Technik hat. Atmen Sie während der Übung langsam und gleichmäßig.

Die zweite Widder-Übung ist unglaublich einfach und von besonders starker Wirkung, die in Sekunden eintritt. Es kann allerdings einige Zeit dauern, bis Sie sie im wahrsten Sinne des Wortes »im Griff« haben.

Fassen Sie Ihre Ohren mit Daumen und Zeigefinger, nicht am Ohrläppchen, nicht oben, sondern irgendwo dazwischen – an einer Stelle, die letztlich dann »Ihre« Stelle wird, weil jeder Mensch hier verschieden ist. Ziehen Sie nun Ihre Ohren vorsichtig schräg nach hinten, als ob Sie sie ganz weit öffnen und verlängern wollen. Die Zugkraft ist dabei nicht wichtig.

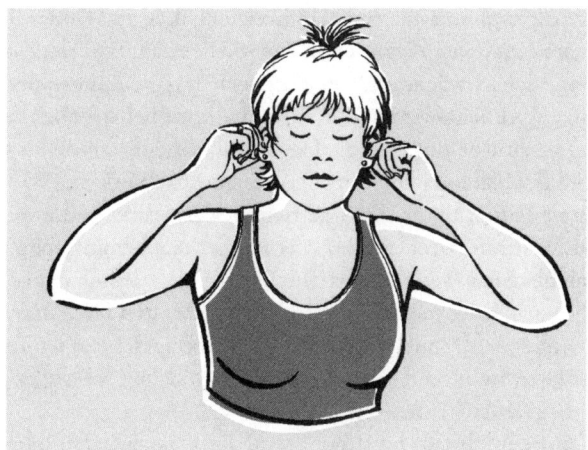

Sie haben die Übung richtig gemacht, wenn Sie plötzlich ein Wärmegefühl verspüren, eine angenehme Wärme, die Ihre Ohren erfüllt. Oder wenn Sie plötzlich meinen, viel schärfer zu hören als zuvor.

Horchen Sie ein wenig mit diesen »neuen« Ohren. Und seien Sie geduldig: Manchmal dauert es einige Zeit, bis diese Übung richtig funktioniert.

Abrunden lässt sich die Übung sehr gut mit einer sanften Massage des gesamten Ohrs, vom Ohrläppchen bis nach oben. Das Ohr birgt wie die

Füße Reflexzonenpunkte sämtlicher Organe und Körperteile, die durch eine solche Massage fein stimuliert und angeregt werden können. Wer schon einmal eine Ohr-Akupunktur erlebt hat, fühlt die Zusammenhänge und weiß sie zu nutzen.

Die dritte Widder-Übung: Tun Sie Ihren Augen etwas besonders Gutes: Lassen Sie sie rollen! Beginnen Sie mit dem Rollen im Uhrzeigersinn, ganz langsam, wobei Sie sich bemühen, wirklich den letzten Winkel zu erfassen, der Ihrem Auge möglich ist. Siebenmal im Uhrzeigersinn, siebenmal gegen den Uhrzeigersinn.

Solche Augengymnastik und Sehübungen helfen an Widder-Tagen sogar dann sehr gut, wenn man schon eine Brille trägt. Brillen zementieren oftmals eine Sehschwäche, die mit entsprechenden Übungen und der Fähigkeit, der Wirklichkeit ins Auge zu schauen, mühelos zu beheben wäre.

Reiben Sie zum Schluss fest die Hände aneinander – als ob Sie sich über ein gutes Geschäft oder den erfolgreichen Abschluss eines Vorhabens freuen. Reiben Sie, bis die Hände richtig warm sind (sie müssen ganz leicht nach Schwefel riechen …). Halten Sie sie dann nebeneinander senkrecht nach oben ans Gesicht, und drücken Sie die warmen Handballen an die geschlossenen Augen, wobei die Finger über den Haaransatz hinaus am Kopf anliegen. Damit sind die Widder-Übungen beendet. Jetzt noch die Abschlussübung, und für die Widder-Tage haben Sie genug getan.

Was Sie sonst noch tun können: Eine Kopfmassage, sich selbst verabreicht oder von einer geliebten Person, würde die Widder-Übung ideal ergänzen. Wer auch immer sie vornimmt – hinterher die Hände gründlich mit kaltem Wasser abwaschen, denn über sie wurde vielleicht viel negative Energie aufgenommen (siehe *Aus eigener Kraft*, Seite 281 ff.).

Und dann noch ein besonderer Tipp: Manchmal sieht man's noch in seltsamen alten Filmen. Zwei Frauen unterhalten sich, während die eine der anderen langsam mit einer Bürste durchs Haar fährt, immer wieder und so lange, dass man denkt, sie müsste eigentlich schon längst fertig sein. Dieses Bürsten hatte (und hat) einen besonderen Sinn, der sich Ihnen nur dann erschließt, wenn Sie es ausprobieren.

Bürsten Sie sich mit einer Holzbürste hundertmal durchs Kopfhaar. Vielleicht am besten kurz vor dem Schlafengehen. Und fühlen Sie, wie es Ihnen danach geht. Wie Sie dann anders schlafen. Wie Sie anders aufwachen.

Probieren Sie es aus – nicht nur an den Widder-Tagen.

Heilkräuter, die bei Kopfschmerzen, Augenbeschwerden (Augentrost) und Problemen mit Nase, Stirn- und Nasennebenhöhlen (Heublumen) gut wirksam sind, entfalten, an Widder-Tagen angewendet, größere Kraft zum Vorbeugen und Heilen. Bei chronischen Störungen ist das Achten auf den *Zeitpunkt* des Kräutersammelns besonders wichtig. Darüber gibt unser Buch *Vom richtigen Zeitpunkt* genau Auskunft.

Ein altes, gut wirksames Mittel bei erschöpften und angestrengten Augen ist das Benetzen der geschlossenen Augenlider mit dem eigenen Speichel, morgens nüchtern vor Frühstück und Zähneputzen.

 **Die Stier-Tage – Für die leichte Schulter**
Der Eintritt des Mondes in das Tierkreiszeichen Stier markiert Kräfte, die sich im Unterkiefer, Hals und Nacken bemerkbar machen. Zu dieser Region gehören auch der Kehlkopf und die Schilddrüse.

Die Grundregel lautet: Was Sie in den zwei bis drei Stier-Tagen für den Hals- und Nackenbereich, für Zähne und Mandeln Gutes tun, wirkt sich doppelt positiv, vorbeugend und heilend aus. Ausnahmen sind Eingriffe und Operationen in diesem Bereich.

Eine wichtige Übung ist Ihnen schon vertraut: Die *zweite Grundübung* wirkt an Stier-Tagen besonders intensiv, wie Sie schon bald fühlen werden. Die Stier-Kraft könnten Sie also auch dadurch nutzen, dass Sie sich mit dieser Übung besonders intensiv befassen. Sie zu überspringen, wäre jedenfalls an Stier ein Versäumnis.

Aber nicht übertreiben! Erinnern Sie sich an die Grundregel, dass alles, was die Körperregion und Organe, die von dem Zeichen regiert werden, das der Mond gerade durchquert, besonders belastet oder strapaziert, sich als doppelt ungünstig oder gar schädlich erweist. Beispiel: eine Überdehnung der Nackenmuskeln an Stier.

Die erste Stier-Übung: Die speziellen Übungen für die Stier-Energie beginnen mit einer sanften Massage. Atmen Sie ein, greifen Sie mit den Händen die Dornfortsätze der Halswirbelsäule und streichen Sie im Ausatmen mit den Fingerspitzen und sanftem Druck nach vorn, bis Sie den Hals seitlich erreichen. Als ob die Finger den Hals nicht festhalten können und wie von allzu glatter Fläche abrutschen.

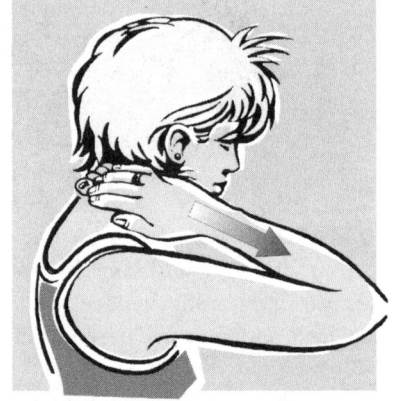

Die Übung wirkt durchblutungsfördernd, lockernd und öffnet Energiebahnen entlang des Halses.

Die zweite Stier-Übung. Für diese sehr wirksame Übung brauchen Sie ein kleines Hilfsmittel, nämlich ein kleines zusammengerolltes Handtuch. Es sollte gerade so dick sein, dass es den Hohlraum gut ausfüllt, den Ihr Hals zum Boden bildet, wenn Sie auf dem Rücken liegen. Mit anderen Worten: Je ausgeprägter Ihr Hinterkopf ist, desto dicker muss diese kleine Nackenrolle sein.

Legen Sie sich also auf den Rücken, und schieben Sie die kleine Nackenrolle zwischen Hals und Boden. Pressen Sie nun den Hals sanft in Richtung Boden, als ob Sie ihn wegdrücken und ein möglichst ausgeprägtes Doppelkinn entwickeln wollten.

Heben Sie dabei nicht die Hüfte, verzichten Sie auf jede Ausgleichsbewegung im Körper. Atmen Sie zuerst durch die Nase ein und dann, während Sie gegen den Boden drücken, durch den Mund aus. Die Dauer der Übung richtet sich wieder nach Ihrem Gefühl, ansonsten aber sind dreimal sieben Sekunden optimal.

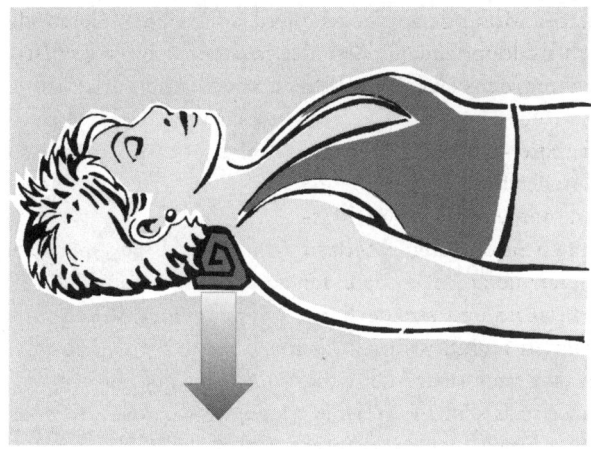

Die dritte Stier-Übung: Lassen Sie im Stehen oder Sitzen die Schultern entspannt hängen, heben Sie die rechte Hand und drücken Sie sanft gegen die rechte Kopfseite. Ihr Kopf lässt sich das aber nicht gefallen und drückt dagegen.

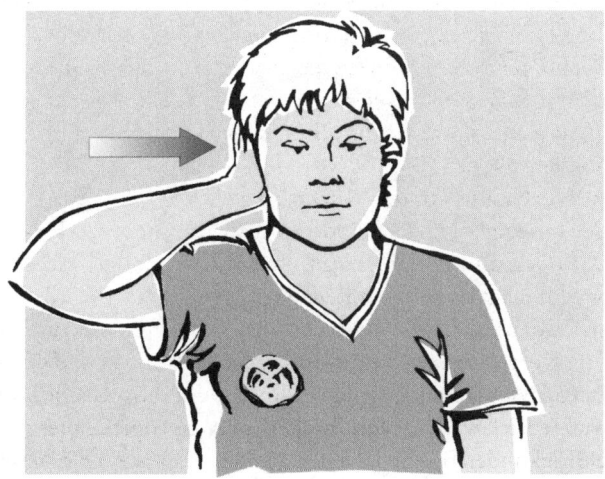

Verfahren Sie auch mit der linken Hand auf der linken Kopfseite so – jeweils sieben Sekunden lang. Das Ganze dreimal auf jeder Seite. Wichtig ist hier: nur sanften Druck ausüben und während der gesamten Übung die Halswirbelsäule und den Kopf gerade halten. Die Halsmuskeln mögen seitlichen Druck nicht besonders und neigen folglich etwas zum Verkrampfen.

Die vierte Stier-Übung: Wieder beginnt die Übung mit einer sanften Massage. Streichen Sie mit den Handaußenseiten die seitliche Halspartie abwärts und dann vorn in der Mitte mit dem Handrücken aufwärts – so oft, wie es Ihr Gefühl wünscht. Danach lassen Sie den Kopf sieben Sekunden nach vorn hängen, bis die Sehnen im Nacken spannen. Nichts *tun*, sondern einfach hängen *lassen*. Dann den Kopf sieben Sekunden lang nach hinten hängen lassen, am besten mit offenem Mund und entspanntem Gesicht.

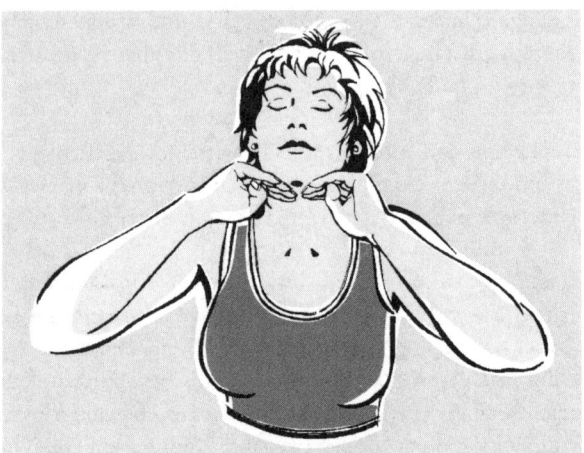

Den krönenden Abschluss dieser Übung bildet das »Grüß-Gott«-Nicken. Nicken Sie jeweils zweimal nach rechts und zweimal nach links – so als ob Sie mit Ihrem Kinn jeweils Ihre Brustwarzen erreichen wollen.

Nicht so fest, dass sich Ihre Nackenmuskeln zu stark dehnen, und nicht so »sportlich«, dass die Bewegung einem Wippen gleichkommt. Ein gelassenes »Grüß Gott« eben!

Genießen Sie das Gefühl nach den Übungen, und gehen Sie auf den (Stier-) Tag zu. Packen Sie an, was Ihres ist, und nehmen Sie gelassen, was Sie nicht ändern können.

Was Sie sonst noch tun können: Eine gründliche Massage der gesamten Hals-, Nacken- und Schulterpartie ist, wie gesagt, an Stier-Tagen immer eine Wohltat. Aber auch eine ganz einfache Übung erweist sich jetzt als besonders durchschlagskräftig: Nachdem die Ohrläppchen schon zum Tierkreiszeichen Stier gehören, sollten Sie ihnen besondere Aufmerksamkeit widmen. Nehmen Sie sie zwischen Daumen und abgebogenem Zeigefinger, und ziehen Sie sie mit sanftem bis festerem Druck nach unten, jeweils siebenmal. Diese Übung weckt viele Kräfte im Körper, vor allem aber die geistigen, verstandesbestimmten Fähigkeiten.

An Stier herrscht die Tagesqualität Kälte: Sie sollten immer etwas wärmer gekleidet aus dem Haus gehen, als es dem Thermometer nach nötig scheint. Zugluft in der Halsregion ist in diesen Tagen der schnellste Weg zum steifen Hals, besonders wenn Sie schwitzen. Halstücher aus Seide sind da ideal als Vorbeugung.

 ### Die Zwillinge-Tage – Für Hand und Arm

Gelangt der Mond zum Tierkreiszeichen Zwillinge, so berühren seine Kräfte im Körper Schulter, Arme, Hände und ein wenig auch schon die Lungentätigkeit.

Die Grundregel lautet wieder: Was Sie in den zwei bis drei Zwillinge-Tagen für die Schultern, Arme und Hände Gutes tun, wirkt sich doppelt positiv, vorbeugend und heilend aus. Ausnahmen sind Eingriffe und Operationen in diesem Bereich.

Auch die Zwillinge-Tage sind generell geeignet, um einer geplagten und verspannten Schultermuskulatur Wohltaten zu erweisen; gezielte Gymnastik und Massage können jetzt Wunder wirken. Ein späterer Muskelkater wäre ein positives Zeichen, weil der Körper damit signalisiert, dass er mit Entgiften beschäftigt ist. Andererseits können Sie Muskelkater von vornherein verhindern. Lesen Sie dazu Seite 176 ff.

Die erste Zwillinge-Übung scheint wieder simpel, wirkt jedoch sagenhaft: Lassen Sie Ihre Arme wie Windmühlenflügel kreisen! Beginnen Sie mit dem rechten Arm, und wechseln Sie dann zum linken. Mindestens siebenmal rückwärts und dann siebenmal vorwärts kreisen, nach Gefühl auch häufiger. Lassen Sie ab dem siebten Mal den Arm schwingen, als ob er von selbst rotiert, ohne Kraftanstrengung.

Vergessen Sie das Atmen nicht; setzen Sie das Kreisen so lange fort, bis sich die Hände gespannt und »aufgeblasen« anfühlen, und hören Sie dann auf. Wieder geht es nicht um sportliche Leistungen!

Abschließend halten Sie die Hände kurz senkrecht in die Luft, bis sie nicht mehr gerötet sind. Und dann fühlen Sie in sich hinein und genießen Sie.

Die zweite Zwillinge-Übung: Winkeln Sie im Stehen oder Sitzen die Arme an, und ballen Sie die Hände leicht zu Fäusten, ohne stark zu spannen. Lassen Sie in dieser Stellung nun die Schultern kreisen, siebenmal vorwärts und siebenmal rückwärts – jeweils dreimal. Dabei während der Kreisbewegungen ausatmen und in den kurzen Pausen dazwischen einatmen.

Wenn es keine Probleme bereitet, dann strecken Sie die Arme seitlich aus; spreizen Sie die Finger, und kreisen Sie wieder mit den Schultern. Der Nacken darf sich dabei nicht anspannen. Sollte es zu sehr knacksen und krachen, so reduzieren Sie die Kreise.

Von dieser Übung entspannen können Sie, indem Sie Ihre Arme nach vorn ausstrecken und einen Katzenbuckel machen, die Oberarme an die Ohren angelegt.

Was Sie sonst noch tun können: Rheumatische Beschwerden im Schulterbereich sprechen an Zwillinge besonders gut auf geeignete Salben an. Sie machen aber in erster Linie eine Entgiftung und Entsäuerung des Körpers notwendig. Dazu gibt es eine Vielzahl von Möglichkeiten, etwa Brennnesseltee, bei abnehmendem Mond zwischen 15 und 19 Uhr getrunken, als Frühjahrskur.

Physikalische Therapie (Massagen, chiropraktische Maßnahmen, Bäder etc.) ist besonders wirksam bei *abnehmendem Mond* in den Zwillingen. Vielfach verschwinden Schulterschmerzen auch, wenn ein in der Akupunktur erfahrener Heilpraktiker den Dickdarm-Meridian behandelt. Über einige Zusammenhänge können Sie sich ab Seite 143 informieren.

Zu leichte Kleidung bei kühlem Wetter oder Auto fahren mit starkem Gebläse dagegen wirkt auch an Zwillinge belastend. Rheumakranke haben manchmal an Zwillinge-Tagen Beschwerden, doch der Grund dafür liegt oft in einem Wetterumschwung, der nicht selten während dieser Zeit stattfindet.

 **Die Krebs-Tage – Für die Atemkraft**
Die Kraft, die der Mond im Tierkreiszeichen Krebs anzeigt, wirkt auf Brust und Lunge, aber auch auf Magen, Leber und Galle.

Die Grundregel lautet: Was Sie in den zwei bis drei Krebs-Tagen für Brust, Lunge, Magen, Leber und Galle Gutes tun, wirkt sich doppelt positiv, vorbeugend und heilend aus. Ausnahmen sind Eingriffe und Operationen an diesen Organen.

Die erste Krebs-Übung ist in vielfacher Hinsicht eine »Energie«-Arbeit. Unter anderem regt sie den Gallen-Meridian an, der durch kaum eine andere Übung so gut in Schwung kommt. Ein weiterer, oftmals höchst erwünschter Effekt ist ein schöner Busen.

Heben Sie dazu die Arme in Brusthöhe, umfassen Sie mit der rechten Hand den linken Unterarm und mit der linken Hand den rechten Unterarm. Und jetzt versuchen Sie – auf Brusthöhe bleibend –, mit den Händen den jeweils anderen Arm in Richtung Ellbogen zu schieben. Gleichzeitig leisten Sie aber so viel Widerstand mit den Armen, dass es nicht geht. Schieben Sie den Kopf ganz leicht nach vorn. Steht er nämlich genau senkrecht, so neigen die Nackenmuskeln dazu mitzuarbeiten und sich etwas zu verspannen.

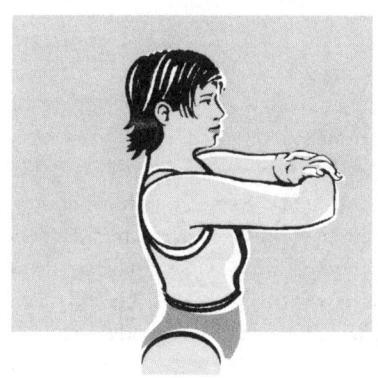
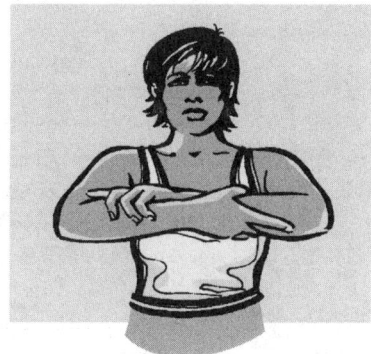

Dabei zählen Sie bis drei, atmen langsam aus, entspannen sich dann und atmen ein.

Wiederholen Sie die Übung anfangs siebenmal, später nach Gefühl häufiger.

Die Übung ist dann richtig ausgeführt, wenn Sie an der Brust Muskelgruppen sanft gespannt fühlen, von denen Sie nicht wussten, dass sie existieren (vor dem Spiegel gut sichtbar).

Zur zweiten Krebs-Übung heißt's »auf die Knie«: Gehen Sie in den Vierfüßlerstand und fallen dabei leicht ins Hohlkreuz. Lassen Sie nun den Oberkörper nach unten sinken, nach vorn, zurück nach oben, die Augen dabei nach vorn gerichtet. Die Übung spannt stark an den Oberarmen; achten Sie darauf, dass die Spannung nicht zu stark wird und in Verkrampfen mündet.

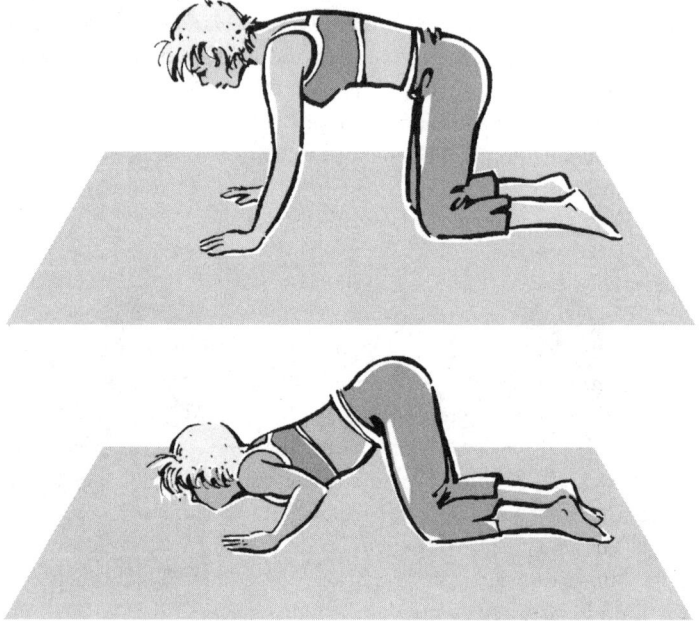

Atmen Sie aus bei der Abwärtsbewegung und wieder ein, wenn Sie die Ausgangsstellung erreicht haben. Nach jedem dritten Mal machen Sie einen Katzbuckel nach oben und lassen sich *langsam* wieder ins Hohlkreuz sinken. Wenn Sie Freude daran haben und Pfeffer in den Armen, ist diese Übung auch mit einem Kind geeignet, das auf Ihnen reitet.

Was Sie sonst noch tun können: Wussten Sie, dass sich Leber und Galle nach Mitternacht am besten regenerieren? Wenn Sie mit diesen Organen Probleme haben, sind warme bis sehr warme Wickel an Krebs-Tagen eine wunderbare Sache, um heilend zu unterstützen. Machen Sie sich fast heiße Heublumensäckchen, und legen Sie sie etwa zwei Stunden lang auf.

Wer unter Rheuma leidet, sollte an Krebs (auch an Skorpion oder Fische!) die Bettwäsche nicht auf dem Fensterbrett oder dem Balkon lüften. Die Feuchtigkeit bleibt in den Federn, was sich ungünstig auf die Erkrankung auswirken kann. Oft genügt an den Krebs-Tagen eine durchwachte Nacht, um am nächsten Tag mit geschwollenen Augenringen zu erwachen und sich völlig gerädert zu fühlen. Die Leber hatte Schwerarbeit zu leisten und konnte sich nicht regenerieren. Auch der Magen spielt an den Krebs-Tagen gelegentlich verrückt (Aufstoßen, Sodbrennen). Eine leichte Kost ist deshalb jetzt anzuraten.

 **Die Löwe-Tage – Gutes fürs Herz**
Die intensive Kraft der Löwe-Tage wirkt auf Herz und Kreislauf sowie auf Rücken und Zwerchfell.

Die Grundregel lautet: Was Sie in den zwei bis drei Löwe-Tagen für Herz und Kreislauf Gutes tun, wirkt sich doppelt positiv, vorbeugend und heilend aus. Ausnahmen sind Eingriffe und Operationen.

Bei der Löwe-Übung ist es besonders wichtig, keine Armbanduhr zu tragen. Heutige batteriebetriebene Quarzuhren, aber auch viele andere Uhren (auf Grund ihrer Materialien) haben einen negativen Einfluss auf Kreislauf und Stimmung. Sie verstärken generell das ohnehin schon hohe Stress- und Belastungsniveau, dem wir ausgesetzt sind.

Sie haben davon noch nie gehört? Wir wollen Ihnen nichts einreden, was Sie nicht selbst nachprüfen und nachfühlen können. Schlafen Sie einfach mal eine Woche lang vor Vollmond mit Armbanduhr und dann eine Woche lang ohne.

Die erste Löwe-Übung besteht darin, die *dritte Grundübung* (siehe Seite 75 ff.) zu intensivieren. Mit dieser Übung können Sie den frischen Wind, den die Löwe-Energie in all Ihre Absichten und Unternehmungen bringt, ideal nutzen.

Noch einmal zusammengefasst: Breiten Sie Ihre Arme seitlich aus, ganz waagrecht, mit ausgestreckten Fingern. Halten Sie die Arme in dieser Stellung anfangs drei, später sieben Sekunden lang. Achten Sie auf einen geraden Nacken.

Und jetzt bleiben Sie so und ballen Ihre Fäuste, so fest Sie es für gut halten – drei oder sieben Sekunden lang.

Öffnen Sie die Hände dann wieder, ganz weit, alle Finger ausgestreckt. So weit es geht. Ihre größte Spannweite! Wieder drei Sekunden lang, oder sieben.

Wiederholen Sie diese Übung so oft, bis Sie in den Unterarmmuskeln den Energiefluss spüren. Oder ganz nach Gefühl, am besten zu Beginn insgesamt nur eine Minute lang. Die Atmung kann sich nach Gefühl entwickeln. Für Herz und Kreislauf ist diese Übung wie ein sanft wirkendes Tonikum.

Die zweite Löwe-Übung: Streichen Sie sanft mit Zeige- und Mittelfinger den Herz-Meridian der jeweils anderen Hand hinauf. Der Meridian beginnt an der Innenseite des kleinen Fingers, wandert über die Innenseite von Unter- und Oberarm bis zur Achselhöhle.

Atmen Sie langsam aus, während Sie den Meridian verfolgen. Atmen Sie sehr langsam ein, bevor Sie ein weiteres Mal den Arm hinaufwandern. Die Übung wiederholen Sie so lange, bis das Gefühl Ihnen sagt: genug.

Was Sie sonst noch tun können: Untrainierte Sportler können an Löwe-Tagen leicht aus der Puste geraten, weil Kreislauf und Herz stärker »bestrahlt« sind. Gerade an Löwe-Tagen sollte man sich nicht überanstrengen, wobei natürlich keinesfalls die normalen körperlichen Betätigungen gesunder Menschen gemeint sind. Jeder übertriebene Konsum von Genussmitteln (Kaffee, Alkohol, Nikotin, Süßigkeiten) wirkt sich an Löwe ungünstig auf einen zu hohen Blutdruck aus. Vielleicht interessant für Sie: Blutdrucksenkende, natürlich wirksame Kräuter sind Mistel, Knoblauch, Bärlauch, Zwiebel und Zinnkraut.

Die Jungfrau-Tage – Leben in den Eingeweiden

Die besondere Kraft der Jungfrau-Tage macht sich an der Tätigkeit der Verdauungsorgane bemerkbar. Sie wirkt auf Dünn- und Dickdarm, Milz und Bauchspeicheldrüse.

Die Grundregel lautet: Was Sie in den zwei bis drei Jungfrau-Tagen für die Verdauung, für Milz und Bauchspeicheldrüse Gutes tun, wirkt sich doppelt positiv, vorbeugend und heilend aus. Ausnahmen sind Eingriffe und Operationen in diesem Bereich.

Kaum eine Muskelgruppe des Körpers ist in der Vergangenheit schlechter behandelt worden als unsere Bauchmuskeln. Nicht dass die Trainingsweisen keinen Erfolg gehabt und zu den begehrten Waschbrettbäuchen geführt hätten. Aber der Preis war zu hoch, denn die meisten der verbreiteten Techniken – beispielsweise das »Klappmesser« – belasteten die Wirbelsäule viel zu stark (siehe auch Seite 217 ff.). Unsere Übungen gehören zu den wenigen ohne solche Nebenwirkungen und schaden obendrein dem Rücken garantiert nicht.

Die erste Jungfrau-Übung kräftigt unter anderem wichtige Atemmuskeln, nämlich die Zwischenrippenmuskeln. Die Ausgangsstellung für diese Übung ist die Rückenlage. Die Beine sind aufgestellt, Ober- und Unterschenkel bilden ungefähr einen rechten Winkel – Füße, Lenden- und Brustwirbelsäule und Hinterkopf liegen flach auf dem Boden.

Legen Sie die Arme nun in U-Form hinter den Kopf (Oberarme vom Körper abspreizen, Unterarme rechtwinklig nach oben – wie »Hände hoch!« im Liegen). Spannen Sie nun die Bauchmuskeln an, und heben Sie im Ausatmen, langsam und gleichmäßig, Kopf, Oberkörper, Schultern und Arme von der Unterlage ab, so weit es Ihnen ohne große Anstrengung möglich ist. Halten Sie diese Stellung drei Sekunden lang.

Kehren Sie dann langsam wieder zum Boden zurück, und wiederholen Sie den Ablauf siebenmal. Dabei immer auf dem Boden einatmen und im angespannten Zustand ausatmen.

Die zweite Jungfrau-Übung: Wieder in Rückenlage, Arme eng am Körper liegend. Strecken Sie nun zuerst ein Bein, dann alle beide in die Luft und lassen Sie jetzt die Beine sich bewegen, wie Sie es wollen. Zusammen, gegrätscht, seitlich und nach vorn und hinten auseinander, beugen und strecken Sie die Beine abwechselnd. Die wichtigste Bewegung ist hier die Schere.

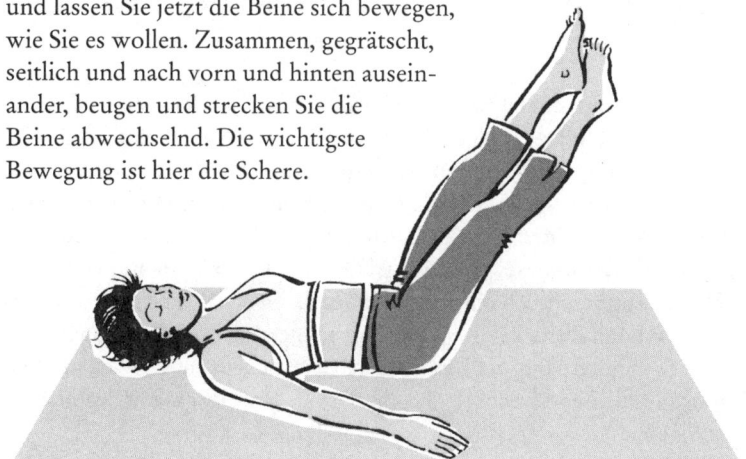

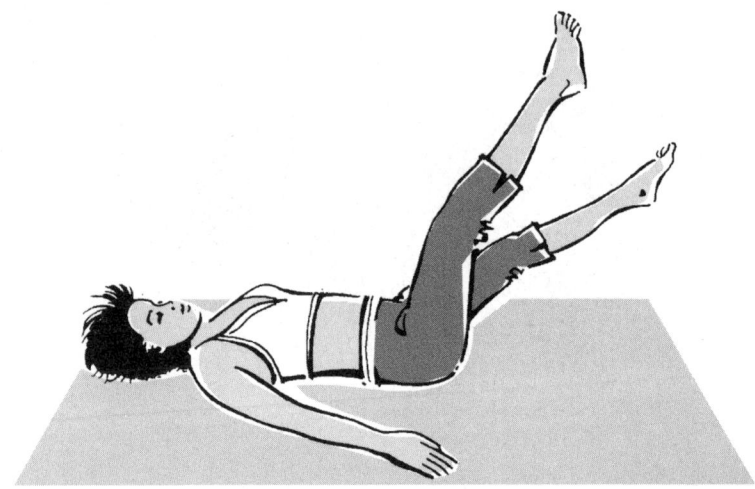

Stellen Sie sich vor, Ihre Beine seien Bambusstangen, die elastisch im Wind hin und her schwanken. Die Lendenwirbelsäule und das Gesäß bleiben dabei flach auf dem Boden liegen. Die Atmung ist hier nicht ganz so wichtig, Sie sollten nur keinesfalls den Atem anhalten, während Sie die Beine bewegen. Die *erste Grundübung*, nochmals ausgeführt, eignet sich hier übrigens besonders zur Entspannung vor der *Abschlussübung*.

Die dritte Jungfrau-Übung: Legen Sie sich auf den Rücken, ziehen Sie die Beine an. Und jetzt legen Sie den linken Fuß aufs rechte Knie. Die rechte Hand soll den Kopf unterstützen, während Sie jetzt versuchen, die rechte Schulter langsam dem linken Knie anzunähern. Der Ellbogen bleibt hinten, und der Blick geht zum linken Knie. Wichtig ist, dass die Bauchmuskeln diese Bewegung ausführen, nicht der Arm hinterm Kopf.

Das Ausatmen geschieht immer *während* der Muskelspannung, das Einatmen beim Zurücksinken und Entspannen. Halten Sie die Spannung sieben Sekunden lang, und entspannen Sie sich dann die gleiche Zeit. Daran anschließend wechseln Sie, bis Sie jede Seite insgesamt dreimal bewegt haben.

Vielleicht ist an dieser Stelle folgende Anmerkung von Nutzen: Über

Jahre und Jahrzehnte hinweg lehrten manche Selbsterfahrungsschulen, dass es sinnvoll sei, die Bauchmuskeln beim Sitzen, Gehen, Meditieren usw. so entspannt wie möglich zu halten. Das Gegenteil ist der Fall: Die Bauchmuskeln sollten ständig leicht angespannt sein, das ist ihr natürlicher Zustand, solange wir nicht schlafen oder in tiefer Entspannung ruhen. Unsere Eingeweide sind so gebaut und eingerichtet, dass sie hinter einer senkrechten Schutzwand am besten aufgehoben sind. Das ständige Nachvornefallen, das bei einer Entspannung der Bauchmuskeln eintritt, tut dem Gefüge unserer inneren Organe nicht gut. Auf jeden Fall hat ein »Hängebauch« absolut nichts mit bewusster Entspannung gemein.

Auch seelisch hat dieses Fallenlassen Folgen: Es kommt viel eher zu einem allgemeinen Wurstigkeitsgefühl, zu Lustlosigkeit und Gleichgültigkeit. Es verstärkt sich die Neigung, andere Leute einzuspannen und ihnen die Dinge aufzubürden, für die man selbst verantwortlich ist.

Zusammengefasst: Die dritte Jungfrau-Übung wirkt genau dieser Tendenz entgegen und hilft, den Bauch »wach« zu halten.

Was Sie sonst noch tun können: An Jungfrau gesammelte Heilkräuter fördern nicht nur die Verdauungstätigkeit, sondern sind auch für Blut,

Nerven und Bauchspeicheldrüse eine Wohltat. Besonders ein Blutreinigungstee, etwa mit an Jungfrau gesammelten Brennnesseln, verfehlt nicht seine gute Wirkung. Der Wintervorrat sollte erst im September angelegt werden, wenn Jungfrau wieder im abnehmenden Mond auftaucht.

Magen- und darmempfindliche Menschen bekommen in den Jungfrau-Tagen oft Probleme mit der Verdauung. Auf schwere oder fettreiche Speisen zu verzichten fällt vielen Menschen nicht leicht, doch zumindest in diesen zwei bis drei Tagen wäre es ein großer Vorteil.

Sehr bewährt hat sich eine Übung speziell für die Verdauungsorgane: Ziehen Sie morgens vor dem Aufstehen im Liegen zuerst das rechte Knie eine Minute lang mit beiden Händen an die Brust, dann eine Minute lang das linke Knie und schließlich eine Minute lang beide Knie. Mittels dieser Übung wurden sogar hartnäckige Fälle von Verstopfung behoben, manchmal innerhalb von zwei bis drei Tagen. Die Wirkung beruht auf der sanften Druckbewegung von rechts nach links, in die der Dickdarm versetzt wird – der natürliche Wanderweg verdauter Nahrung.

 **Die Waage-Tage – Schwung für die Hüfte**
Die Kraft der Waage-Tage macht sich besonders im Hüftbereich sowie an Blase und Nieren bemerkbar.

Die Grundregel lautet: Was Sie in den zwei bis drei Waage-Tagen für die Hüfte sowie für Nieren und Blase Gutes tun, wirkt sich doppelt positiv, vorbeugend und heilend aus. Ausnahmen sind Eingriffe und Operationen in diesem Bereich.

Die *erste Grundübung* ist natürlich eine wunderbare Basis für die Beweglichkeit der Hüften. Es würde sich auszahlen, sie an den Waage-Tagen etwas öfter und intensiver durchzuführen.

Machen Sie vor den folgenden Waage-Übungen einen Test: Versuchen Sie, im Stehen mit den Händen den Boden zu erreichen, ohne Leistungsdruck und mit gestreckten Beinen. Merken Sie sich, wie weit Sie kommen, und wechseln Sie dann über zur ersten Waage-Übung.

Die erste Waage-Übung: Versuchen Sie im Stehen, das rechte Bein ganz gerade nach oben zu ziehen, als ob Sie es in die Hüfte einziehen wie ein hydraulisches Fahrwerk. Heben Sie dabei die Fußspitzen an, und atmen Sie langsam aus.

Halten Sie das Bein sieben Sekunden lang »eingezogen«, während Sie weiterhin langsam ausatmen. Entspannen Sie dann sieben Sekunden lang, auf beiden Beinen im Gleichgewicht stehend. Wechseln Sie anschließend zum linken Bein. Vollführen Sie diese Übung insgesamt jeweils dreimal.

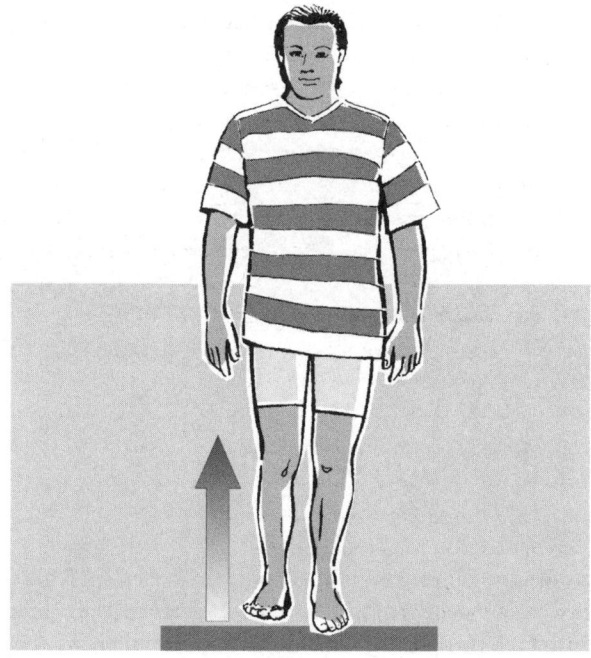

Sie können sich dabei auch leicht an einer Wand abstützen oder am Tisch festhalten, um gutes Gleichgewicht zu bewahren.

Wenn Sie mit dieser Übung fertig sind, versuchen Sie noch einmal, mit den Händen den Boden zu erreichen. Verblüffend, nicht wahr?

Die zweite Waage-Übung: Legen Sie sich auf den Rücken und schieben Sie vielleicht ein kleines Kissen unters Kreuz, um eine Hohlkreuzbildung zu vermeiden. Bei der ersten Waage-Übung werden die Beine eingezogen, bei der zweiten ausgefahren:

Schieben Sie nun im Ausatmen die Ferse zuerst des rechten Beins nach vorn, als ob Sie es so lang machen wollten wie nur möglich. Halten Sie dabei die Fußspitzen nach oben gerichtet, und »schieben« Sie sieben Sekunden lang. Entspannen Sie, atmen Sie tief ein, und wechseln Sie dann zum linken Bein, das Sie wiederum sieben Sekunden lang »ausgefahren« halten. Machen Sie auch diese Übung insgesamt dreimal.

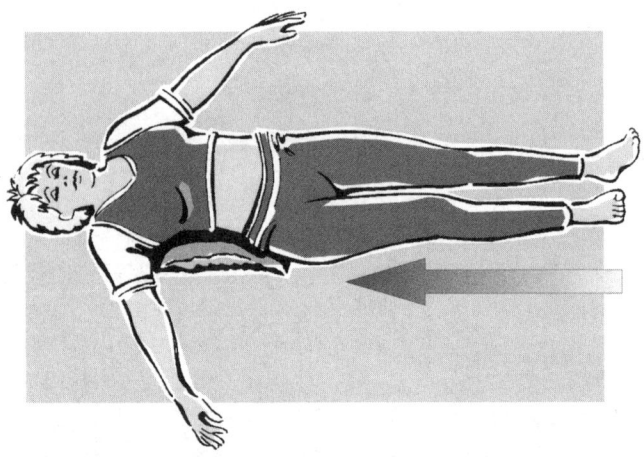

Die dritte Waage-Übung ist ganz einfach: Im Stehen ein Knie möglichst bis zur Brust hochziehen, dabei ausatmen. Erst rechts, dann links, jeweils sieben Sekunden lang und dreimal. Einatmen, wenn Sie mit beiden Beinen auf dem Boden stehen.

Dabei können Sie sich selbstverständlich irgendwo ganz leicht anlehnen, wenn das Gleichgewicht noch nicht stimmt. Sie werden im Lauf der Zeit merken, wie sehr die Mondgymnastik-Übungen zur Verbesserung des Balancegefühls beitragen.

Die vierte Waage-Übung: Legen Sie sich auf die linke Seite und halten Sie das linke Bein angewinkelt. Mit der rechten Hand stützen Sie sich ein wenig vom Boden ab, den linken Arm halten Sie bequem ausgestreckt nach oben, der Kopf ruht darauf.

Strecken Sie nun das rechte Bein ganz gerade aus, Knie durchgedrückt, und heben Sie es vom Boden ab – nur so weit nach oben, dass das Becken nicht nach hinten kippt. Dabei stellen Sie sich vor, wie die Ferse nach oben zur Decke gerichtet ist. Das Gefühl, die Ferse zeige nach oben, stellt sich viel früher ein, als dass es tatsächlich passiert, aber allein dieser Eindruck genügt schon.

Atmen Sie dabei aus, und halten Sie die Spannung sieben Sekunden lang. Wiederholen Sie die Übung noch zweimal mit dem rechten Bein, und wechseln Sie dann die Seite.

Was Sie sonst noch tun können: Waage-Tage im Sommer wirken zwar meist hell, warm und luftig, doch zu Blasen- und Nierenentzündungen kommt es während dieser Zeit leichter, weil schon eine feuchte Badehose die Nieren- und Beckenregion belastet. Achten Sie deshalb besonders auf eine gute Durchwärmung dieser Körperzone. Eine gute vorbeugende Maßnahme besteht darin, an Waage-Tagen nachmittags zwischen 15 und 19 Uhr viel zu trinken, um Blasen und Nieren gut durchzuspülen.

Sammeln Sie in diesen Stunden weiße Taubnesseln, deren frische oder getrocknete Blüten sich zu einem hervorragenden Blasentee verarbeiten lassen. Generell ist die Zeit zwischen 15 und 19 Uhr ideal, um durch reichliche Zufuhr von gutem Leitungswasser den Körper allmählich zu entsäuern (siehe Seite 180 ff.).

 **Die Skorpion-Tage – Lendenwirksame Übungen**
Der Mond im Tierkreiszeichen Skorpion zeigt Kräfte an, die auf Geschlechtsorgane und Harnwege wirken.

Die Grundregel lautet: Was Sie in den zwei bis drei Skorpion-Tagen für den Bereich der Geschlechtsorgane Gutes tun, wirkt sich doppelt positiv, vorbeugend und heilend aus. Ausnahmen sind Eingriffe und Operationen in diesem Bereich.

Die erste Skorpion-Übung: Im Wesentlichen entspricht diese Übung einer Beckenbodengymnastik. Spannen Sie, so kräftig es geht (Sie müssen ja nicht gleich ins Schwitzen kommen!), die Gesäßmuskeln an. Sie haben das noch nie gemacht?

Einfach die Pobacken ganz fest zusammendrücken!

Atmen Sie vorher ein, schließen Sie während dieser Übung die Augen und stellen Sie sich beim Anspannen vor, dass Sie durch den Unterleib hindurch ausatmen. Das ist sehr wichtig und trägt in gleicher Weise wie das Anspannen selbst zur Belebung und Durchwärmung dieser Region bei. Zudem wirkt diese Übung sehr anregend und kräftigend auf die Milz und das Lymphsystem.

Schwangere sollten diese Übung nicht machen, doch dafür nach der Entbindung umso häufiger! Die Gebärmutter bildet sich optimal zurück.

Die zweite Skorpion-Übung: Legen Sie sich auf den Rücken und stellen Sie die Beine auf; lassen Sie den Kopf flach liegen. Legen Sie nun die Hände außen an die herangezogenen Knie, und drücken Sie sie nach innen, wobei die Beine so großen Widerstand leisten, dass sich »nichts rührt«. Einfach sanfte bis mittelstarke Spannung erzeugen. Zählen Sie dabei im Ausatmen bis sieben.

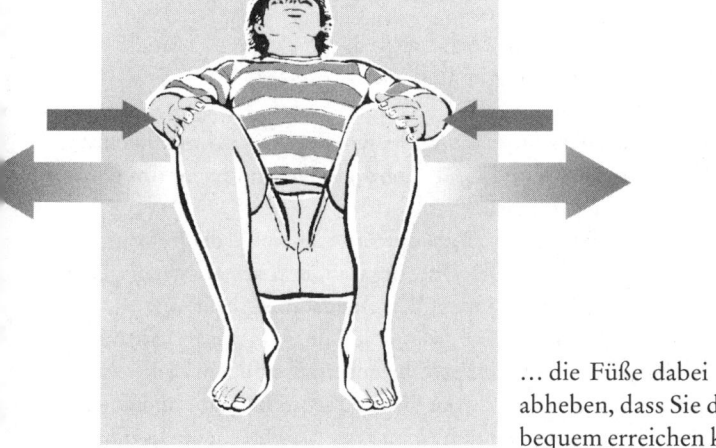

... die Füße dabei so weit abheben, dass Sie die Knie bequem erreichen können.

105

Lassen Sie los, atmen Sie ein und legen Sie nun die Hände über Kreuz auf die Innenseite der Knie. Versuchen Sie, im Ausatmen die Knie nach außen zu drücken, wobei die Beine wieder stehen bleiben und Widerstand leisten. Zählen Sie dabei erneut langsam bis sieben.

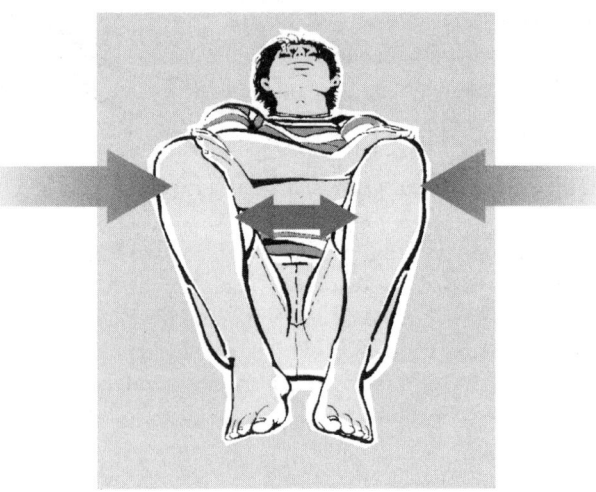

Wiederholen Sie das Ganze noch zweimal, und genießen Sie dann das gute Gefühl, das diese Übung hinterlässt.

Die dritte Skorpion-Übung: Sie wirkt wunderbar auf die inneren Organe, auf Bauchmuskeln und Lendenwirbelsäule und bringt im *ganzen* Körper Energien zum Fließen.

Legen Sie sich dazu auf den Rücken, und ziehen Sie die Füße an. Heben Sie nun das Gesäß von der Unterlage ab, und atmen Sie ein. Dabei nicht durchhängen, aber auch nicht den Bogen überspannen.

Halten Sie das Becken gerade, wenn Sie nun das rechte Bein ausstrecken und dabei parallel zum linken Oberschenkel bringen. Zählen Sie ruhig im Ausatmen bis sieben; setzen Sie das rechte Bein ab, und strecken Sie nun das linke Bein aus, parallel zum rechten Oberschenkel – ohne das

Gesäß inzwischen auf den Boden zu senken. Wieder bis sieben zählen, das linke Bein absetzen und langsam das Gesäß ebenfalls auf den Boden senken.

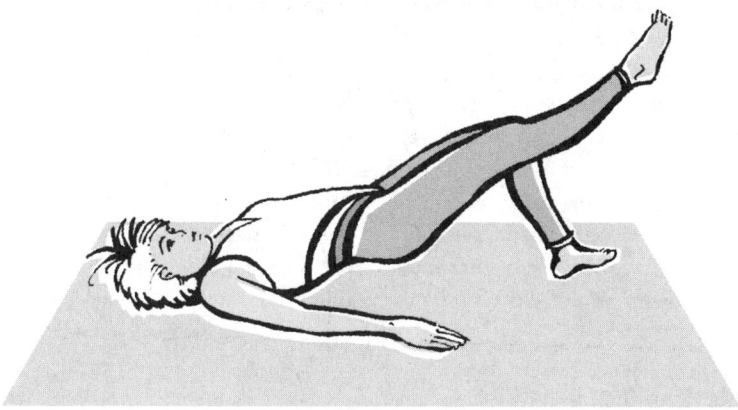

Bis sieben zählen und dann die Übung von vorn beginnen.

Insgesamt dreimal.

Allein mit dieser Übung in Verbindung mit der zweiten Steinbock-Übung (Bankstellung) ist es einem unserer Bekannten gelungen, einer Bandscheibenoperation zu entgehen.

Was Sie sonst noch tun können: Viele unserer Leserinnen und Leser haben es schon ausprobiert: Ein Kräutersitzbad an Skorpion ist wie ein Miniurlaub mit Maxiwirkung. Lassen Sie einmal den Unterschied zwischen einem Sitzbad an Skorpion und an beliebigen anderen Tagen auf sich wirken. Alsbald fühlen Sie, was es bedeutet, wenn Skorpion Geschlechtsorgane und Hüftregion »regiert«.

Für Sitzbäder eignen sich am besten die folgenden Kräuter: Schafgarbe – wirkt stärkend und fördert das Wohlbefinden. Frauenmantel – ist grundsätzlich bei allen Frauenleiden die erste Wahl. Kamille – wirkt in erster Linie entzündungshemmend. Hirtentäschel – besonders gut bei Frauenleiden und bei zu starken Regelblutungen.

Im Idealfall sind die verwendeten Kräuter frisch geerntet und zu Hause bei abnehmendem Mond getrocknet worden. Aber auch im Reformhaus oder in der Apotheke erworbene Pflanzen tun ihre gute Wirkung. Das Rezept: Überbrühen Sie zwei kleine Hand voll Kräuter mit ungefähr zwei bis drei Liter Wasser. Haben Sie Vertrauen bei der »richtigen Dosis«. Exakte Mengenangaben betäuben nur Ihr Gefühl für das, was Sie persönlich brauchen, sowohl in der Küche als auch hier. Lassen Sie die Kräuter länger ziehen als bei Tees, nämlich etwa 15 Minuten. In der Zwischenzeit Badewasser einlaufen lassen (vorher heiß ausspülen), Wasserspiegel bis zur Hüfte, nicht bis zum Bauch hinauf. Schließlich den abgeseihten Kräutersud hinzufügen. Ob Sie nach diesem Genuss duschen oder nicht, bleibt Ihrem Gefühl überlassen, es wirkt jedoch intensiver, wenn Sie auf das Duschen verzichten. Wir wünschen viel Vergnügen!

Ein Tipp für unsere Leserinnen: Bei Menstruationsbeschwerden wirkt Frauenmanteltee, getrunken an Skorpion-Tagen, nicht nur heilsam, sondern auch sehr gut vorbeugend. Alle krampflösenden Tees sollten besonders an Skorpion getrunken und, wenn es geht, auch gepflückt werden.

Werdende Mütter sollten sich an Skorpion vor jeder Anstrengung hüten, weil es während dieser Zeitspanne leichter zu Fehlgeburten kommt, besonders wenn Skorpion im zunehmenden Mond auftaucht (Mai bis Oktober). Kalte Füße und eine schlecht durchwärmte Becken- und Nierengegend können in diesen Tagen wie auch an Waage leicht zu Entzündungen von Blase und Niere führen.

 ### Die Schütze-Tage – Standfestigkeit im Oberschenkel
An Schütze-Tagen herrschen Kräfte, die auf die verlängerte Wirbelsäule und die Oberschenkel wirken.

Die Grundregel lautet: Was Sie in den zwei bis drei Schütze-Tagen für die Oberschenkel Gutes tun, wirkt sich doppelt positiv, vorbeugend und heilend aus. Ausnahmen sind Eingriffe und Operationen in diesem Bereich.

Die erste Schütze-Übung: Die beste Übung für die Schütze-Energie ist die Kniebeuge. Nein, nicht erschrecken! Die übliche Kniebeuge gehört zu den schädlichsten Gymnastik-Übungen überhaupt und ist leider noch vielfach Bestandteil von Trainingsprogrammen (siehe auch Seite 217 ff.).

Lehnen Sie sich bei dieser »Kniebeuge« mit dem Rücken schräg an eine Wand oder an den Türstock, mit den Füßen halten Sie eine Fußlänge Abstand zur Wand. Keine Jeans oder Ähnliches tragen, damit nicht die Nieten die Tapete beschädigen. Der Kopf sollte leicht die Wand berühren, damit sich der Nacken nicht verspannt, und die Arme bleiben hängen.

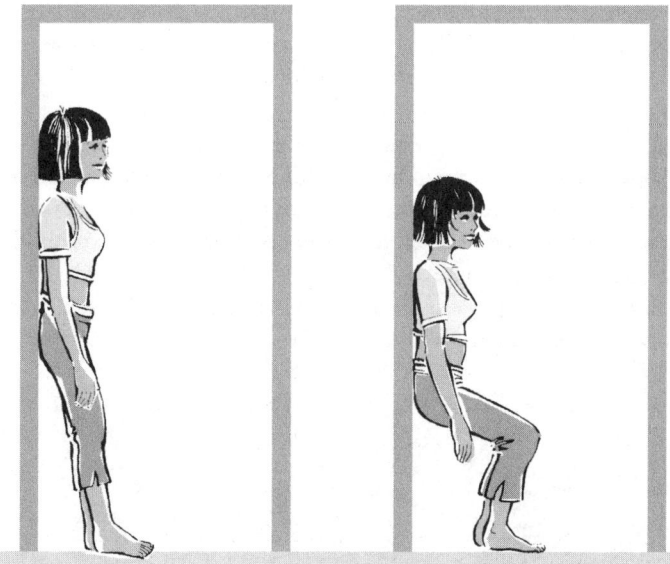

Rutschen Sie nun langsam die Wand hinunter, bis die Oberschenkel spannen, vibrieren und warm werden. Die Knie sollten dabei nicht wehtun.

Atmen Sie dabei aus, und zählen Sie anfangs bis drei, später dann bis sieben. Im Einatmen relativ schnell wieder nach oben rutschen. Das Ganze dreimal.

Die zweite Schütze-Übung ist vom Ablauf her die komplizierteste in diesem Buch. Aber es lohnt sich! Legen Sie sich zuerst auf die linke Seite. Strecken Sie den linken Arm über den Kopf aus, und lassen Sie den Kopf bequem auf ihm ruhen. Mit der rechten Hand stützen Sie sich leicht vor Brust oder Bauch am Boden ab. Warum, das erleben Sie sogleich.

Für den Ablauf der gesamten Übung ist es nämlich wichtig, darauf zu achten, dass erstens die Hüften genau in der Mitte bleiben und nicht nach vorn oder nach hinten kippen. Sie müssen ganz gerade auf dem Boden liegen – eine gerade Linie von den Fersen über den Rücken bis zum Kopf. Zweitens muss das jeweils untere Bein gerade bleiben. Anfangs fällt das nicht leicht, man kippt schnell, und das untere Bein kann sogar leicht am Oberschenkel schmerzen, aber im Lauf der Zeit stellt sich das gute Gefühl dazu sicherlich ein. Beginnen Sie nachsichtig mit sich selbst, und lassen Sie das untere Bein einfach anfangs etwas angewinkelt.

Der Reihe nach: Heben Sie nun das ausgestreckte rechte Bein etwas an, und beugen Sie es, so gut es geht. Strecken Sie es sofort schnell ganz nach oben aus, als ob Sie im Liegen eine Grätsche machen wollen. Sofort wieder beugen, absenken und schnell nach vorn ausstrecken, als ob Sie im Liegen einen Fußball treten.

Dann wieder beugen und nach oben ausstrecken wie zu Anfang. Beugen und Ball treten. Beugen und Grätsche.

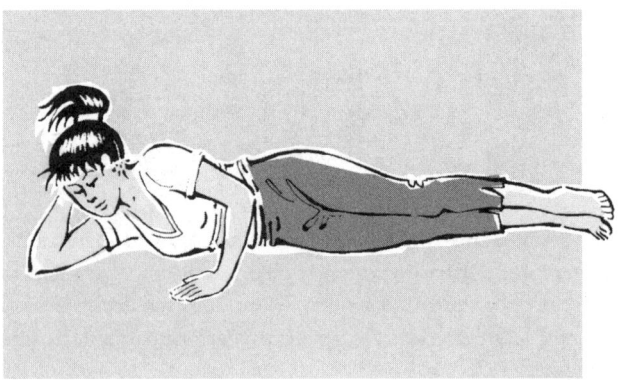

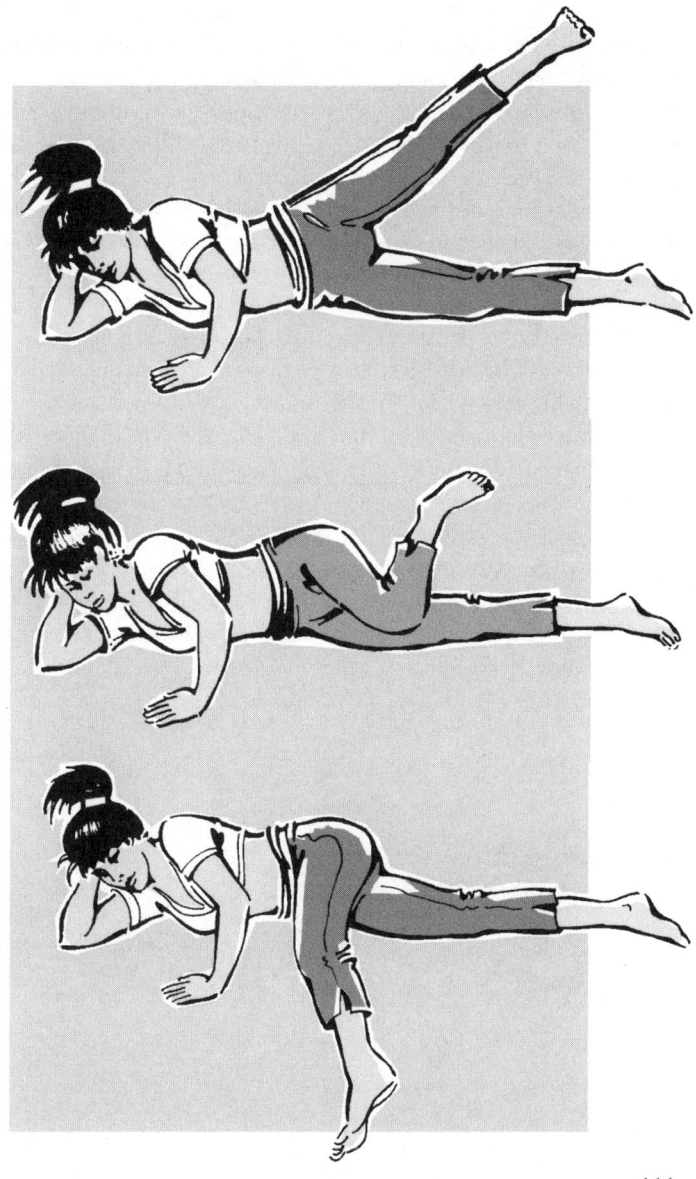

Anfangs dreimal, später siebenmal die Seiten wechseln und bei jedem Ausstrecken des Fußes ausatmen, beim Beugen einatmen. Ob schnellerer oder langsamerer Rhythmus, das bleibt dem Gefühl überlassen.

Wie fühlen Sie sich danach? Wie fühlen sich Oberschenkel und Hüften an?

Diese Übung ist die bei weitem geeignetste, wenn Sie zu starke Oberschenkel oder gar Orangenhaut haben. Eine wunderbare Sache auch zum Entgiften und Entschlacken dieses Körperbereichs.

Die dritte Schütze-Übung zum guten Abschluss: Legen Sie sich wieder zuerst auf die linke Seite. Strecken Sie den linken Arm über den Kopf aus, und lassen Sie diesen bequem auf ihm ruhen wie zuvor auch.

Atmen Sie ein, beugen Sie nun das rechte Bein nach hinten ab, fassen Sie den Spann des rechten Fußes und ziehen Sie das Bein zum Gesäß nach hinten. Das tun Sie, bis es an der Vorderseite des rechten Oberschenkels leicht zieht.

Beginnen Sie dann erst auszuatmen und langsam bis sieben zu zählen. Auf die andere Seite legen und das Bein wechseln. Die Übung führen Sie wieder dreimal durch (oder siebenmal oder einundzwanzigmal, wenn es Ihnen Freude macht).

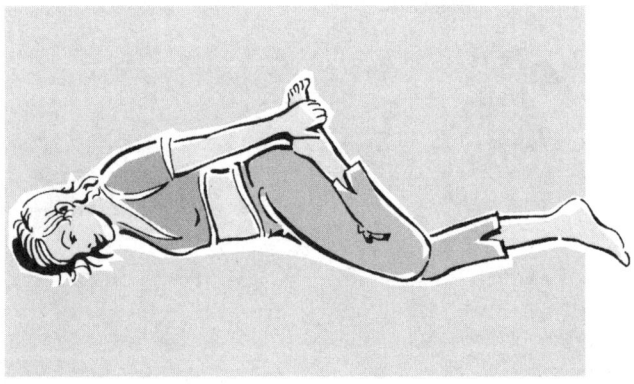

Was Sie sonst noch tun können: Auch nach den Schütze-Übungen entspannt sich der Körper besonders gut, wenn Sie als Abschluss die *erste Grundübung* noch einmal wiederholen (siehe Seite 70).

An Schütze-Tagen machen sich oft Ischiasnerv, Venen und Oberschenkel bemerkbar. Häufig schmerzt auch noch das Kreuz bis zu den Oberschenkeln, weil an Schütze, ähnlich wie an Zwillinge, zudem das Wetter gern umschlägt. Also an Schütze nicht übertreiben und ohne entsprechende Vorbereitung keine langen Wanderungen und intensives Krafttraining unternehmen.

 ### Die Steinbock-Tage – Flexibilität fürs Knie

Die Kraft der Steinbock-Tage beeinflusst besonders die Knie, aber auch das gesamte Knochengerüst sowie unser »Tor zur Welt«: die Haut.

Die Grundregel lautet: Was Sie in den zwei bis drei Steinbock-Tagen für die Knie, für die Haut und das Knochengerüst Gutes tun, wirkt sich doppelt positiv, vorbeugend und heilend aus. Ausnahmen sind Eingriffe und Operationen in diesem Bereich.

Die erste Steinbock-Übung regt alle Energieströme im Körper an. Die Kniekehle ist zwar eine verhältnismäßig kleine Körperregion, aber ihr Wohl und Wehe hat weit reichende Folgen für alles, was im Körper geschieht. Über sie wandern zahlreiche Energiebahnen von den Füßen hinauf in den ganzen Körper.

Drücken Sie mit flachen Fingern auf die Haut in der Mitte der Kniekehle, und massieren Sie nun kreisförmig das darunter befindliche Gewebe. Also nicht über die Haut gleiten, sondern die Verschiebbarkeit der Haut nutzen und mit ihr kreisförmig über die Muskeln und Sehnen darunter wandern – mit dem leichtesten Druck, den Sie sich vorstellen und ausüben können. Nicht fest reiben, nicht massieren! Bewegen Sie sich, als ob ein Lufthauch Ihre Finger antreibt. Viele empfindliche Lymphknoten liegen nämlich in der Kniekehle, und die vertragen festen Druck überhaupt nicht.

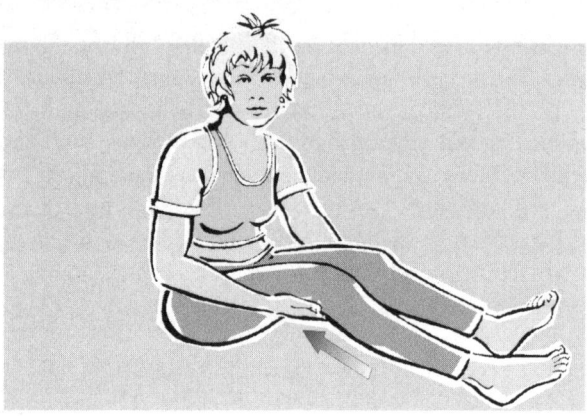

Diese Übung aktiviert entsprechend das Lymphsystem und sollte eine oder zwei Minuten lang dauern, dabei in einem natürlichen Rhythmus ruhig atmen.

Die zweite Steinbock-Übung nennt sich »Bankstellung«: Diese Übung bringt ebenfalls Energien im ganzen Körper zum Fließen und ist auch wunderbar geeignet zur Kräftigung der Rückenmuskulatur und bei einem Bandscheibenvorfall.

Sie nehmen den Vierfüßlerstand ein; die Hände liegen senkrecht unter den Schultergelenken, die Knie senkrecht unter den Hüftgelenken. Die Ellbogen sind leicht gebeugt, das Gewicht sollte gleichmäßig auf allen vieren verteilt sein. Blicken Sie nach unten zum Boden.

Genug der Vorbereitung: Strecken Sie nun den rechten Arm und das linke Bein ganz gerade aus – waagerecht, sodass Arm, Rücken und Beine eine möglichst gerade Linie parallel zum Boden bilden. Nicht ins Hohlkreuz fallen und nicht das Becken verdrehen. Nach Gefühl können Sie diese Übung mit gestreckten Zehen oder gestreckter Ferse (und Zehen nach unten) durchführen.

Atmen Sie langsam aus, zählen Sie bis sieben und wechseln Sie dann Arm und Bein. Dazwischen immer kurz entspannen und einatmen, dabei ebenfalls bis sieben zählen – das Ganze nun jeweils dreimal. Machen Sie zum Schluss vor dem Aufstehen langsam einen Katzenbuckel.

Die dritte Steinbock-Übung weckt das Kind in Ihnen und hat eine wunderbare Wirkung (deswegen tut es ja auch jedes Kind, wenn man es lässt). Setzen Sie sich auf einen Tisch, und schlenkern Sie nach Herzenslust und solange Sie wollen mit Unterschenkeln und Füßen. Na, wie fühlt sich das an? Welche Gedanken verbinden Sie mit dieser Übung? Wie geht es hinterher Ihren Knien? Diese Übung gehört zu den besten Vorbeugungen gegen Arthrose in den Knien.

Vieles, was man uns mit »Das tut man nicht« austreiben wollte, ist in Wirklichkeit sehr sinnvoll und gesund, so auch das fröhliche Beinschlenkern. Besonders viel Unfug wird getrieben, wenn es um die Handbewegungen der Kinder geht, etwa, wenn sie auf den Händen sitzen oder sich einzelne Finger der Hand scheinbar nervös massieren. Ab Seite 126 haben wir zu diesem speziellen Thema noch mehr zu sagen.

Was Sie sonst noch tun können: Auf einem Tisch zu sitzen und mit den Beinen zu schlenkern ist so wirkungsvoll, dass Sie den Effekt durchaus noch verstärken könnten, wenn Sie auf irgendeinem Weg Gewichte an den Füßen fixieren. Schwere Schuhe würden schon genügen, beispielsweise Skischuhe oder Rollerskates.

Knieumschläge oder Einreibungen zur Vorbeugung oder Heilung wirken sich an den zwei oder drei Steinbock-Tagen besonders günstig aus. Auch für alle anderen Knochen und Gelenke kann man jetzt etwas Gutes tun – etwa durch sanfte Dehnübungen. Die Steinbock-Tage sind zudem für jede Form der *Hautpflege* und für die gezielte Therapie von Hautkrankheiten geeignet.

Ähnlich wie an Schütze sollten Sie sich nicht untrainiert oder als Anfänger auf größere Bergtouren oder dergleichen einlassen. Besonders Sportler mit einem angegriffenen Meniskus sollten an Steinbock keinesfalls übertreiben.

 **Die Wassermann-Tage – Energie für die Waden**
Die Energie der Wassermann-Tage wirkt auf die Unterschenkel und das Sprunggelenk.

Die Grundregel lautet: Was Sie in den zwei bis drei Wassermann-Tagen für die Unterschenkel Gutes tun, wirkt sich doppelt positiv, vorbeugend und heilend aus. Ausnahmen sind Eingriffe und Operationen in diesem Bereich.

Die folgenden Wassermann-Übungen wirken wunderbar als Vorbeugung gegen Krampfadern. Allerdings sollten Sie wissen, dass bei bestehenden Krampfadern eine ausreichend tiefe Atmung ebenso wichtig ist. Meist kommt noch eine chronische Verstopfung hinzu, die Sie aber gut in den Griff bekommen können, wenn Sie sich allmählich typgerecht und biologisch ernähren (siehe Seite 207 ff.). Pillen und Pulver vom Arzt gegen chronische Verstopfung basteln nur am Symptom herum und werden in ein paar Jahren als Kunstfehler betrachtet werden. Gesund essen, viel trinken, gute Luft, Mondgymnastik oder ausreichend Bewegung – mit anderen Mitteln können Sie Krampfadern nicht an der Wurzel packen.

Die erste Wassermann-Übung heißt der »Oberlehrer«. Wippen Sie mit den Füßen im Stehen auf und ab, halten Sie dabei die Knie gestreckt. Zehenspitzen hoch, Fersen hoch, Zehenspitzen hoch, Fersen hoch und so

fort. Siebenmal auf und ab. Dann erst eine Pause einlegen. Dabei gleichmäßig weiteratmen.

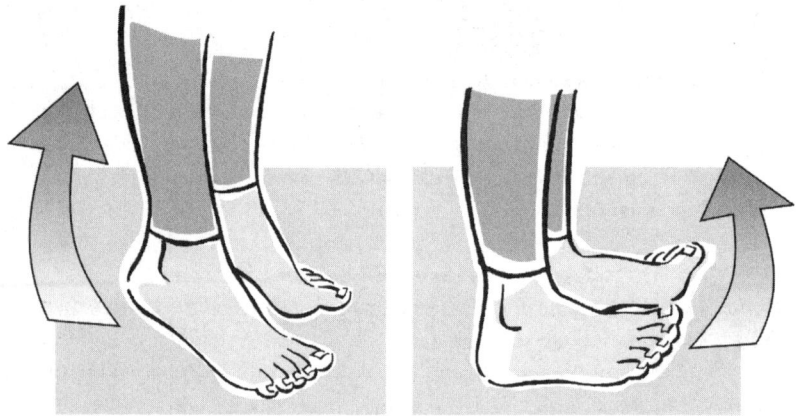

Die Übung ist wirksam mit oder ohne Abstützen, wenn das Gleichgewicht noch fehlt. Wiederholen Sie sie, so oft Ihr Gefühl es Ihnen erlaubt.

Der »Oberlehrer« ist eine wunderbare Übung für den unbehinderten
Rückfluss in den Venen und bei Lymphstau.

Die zweite Wassermann-Übung ist eine der bekanntesten von allen.
Beugen Sie sich im Stehen nach vorn, halten Sie die Knie gestreckt und
lassen Sie den Kopf vollkommen entspannt zwischen den Armen hängen.
Nun erlauben Sie Ihren Fingerspitzen, sich langsam dem Boden zu nä-
hern, bis die ganze Beinrückseite leicht spannt (nicht wippen!).

Bei dieser Übung ist es besonders wichtig, jeden Leistungsgedanken
auszuschließen.

Es kommt *nicht* darauf an, die Zehenspitzen zu erreichen.

Es kommt *nicht* darauf an, sie besonders schnell zu erreichen.

Lassen Sie Ihren Kopf, den ganzen Rumpf und die Arme entspannt
hängen, und erlauben Sie diesem Gewicht, den Zug auf die Beinrücksei-
ten auszuüben. Es geht alles ganz von selbst.

Sieben Sekunden lang dreimal. Und beim Abwärtswandern ausatmen. Wenn Sie den Leistungsgedanken nur schwer loswerden, dann erinnern Sie sich an die *erste Waage-Übung*: Sie verlängert Ihre »Reichweite« um einige Zentimeter.

Die dritte Wassermann-Übung: Legen Sie sich auf den Rücken, und fahren Sie mit den Beinen Rad in der Luft, solange es Ihnen Spaß macht. Dabei langsam und gleichmäßig im Takt des Radelns atmen.

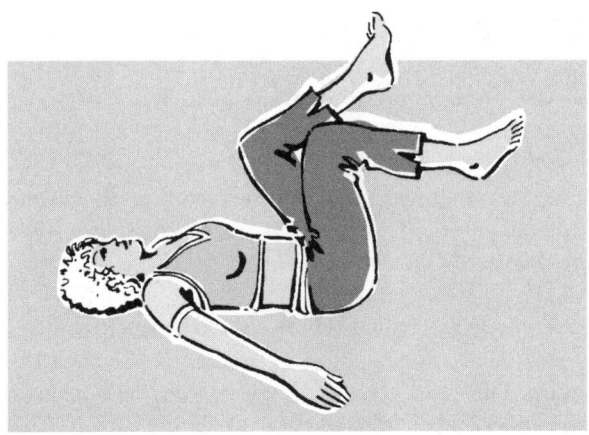

Nach dem Radfahren lehnen Sie die Beine kurz an die Wand und unterstützen damit die Arbeit Ihrer Venen.

Was Sie sonst noch tun können: Eine feine Sache an Wassermann ist es, einige Zeit im Stand vor dem Spiegel zu joggen. Anschließend sollten Sie die Beine wieder hochlagern und Entschlackungsöl einmassieren.

Venenentzündungen kommen an Wassermann häufiger vor. Wenn es Ihre Zeit erlaubt, sollten Sie auch ohne Joggen während des Tages einmal die Füße hochlegen und eine entsprechende Salbe (Beinwell etc.) leicht einmassieren. Wer zu Krampfadern neigt, sollte an diesen Tagen langes Stehen vermeiden, schon ein ausgiebiger Stadtbummel kann an Wassermann den ganzen Spaß verderben. Falls Sie in Ihrem Beruf viel stehen, wäre es gut, wenn Sie ausnahmslos gesunde Schuhe tragen und öfter die Schuhe wechseln, auch tagsüber.

Häufige Ursache nächtlicher Wadenkrämpfe ist Magnesiummangel, der mit entsprechender Ernährung oder auch einmal mit einer Magnesiumtablette behoben werden kann. Als Erste Hilfe wirken gut das Ausstemmen der Fersen und das Hochbiegen der Zehen, wie man es beim Leistungssport oft sieht. Manchmal sind auch blockierte Zehen und Mittelfußknochen im Spiel: Ein Chiropraktiker kann hier Abhilfe schaffen.

 **Die Fische-Tage – So kommt jeder auf die Füße**
Die Fische-Tage beenden den Kreislauf des Mondes durch den Tierkreis und wirken auf die Füße.

Die Grundregel lautet: Was Sie in den zwei bis drei Fische-Tagen für die Füße Gutes tun, wirkt sich doppelt positiv, vorbeugend und heilend aus, besonders eine Fußreflexzonenmassage. Ausnahmen sind Eingriffe und Operationen in diesem Bereich.

In den Füßen finden sich die Endpunkte aller Körpermeridiane, sodass praktisch jede Körperzone, jedes Organ über die Reizung bestimmter Punkte an den Füßen vorbeugend, lindernd und heilsam angeregt werden kann. Fußreflexzonenmassage nennt man die entsprechende Technik, und von einem Könner dieses Fachs behandelt zu werden, ist eine wahre Wohltat. Aber auch ein »Amateur«, ein freundlich gesinnter Partner, kann durch eine regelmäßige Fußmassage viel Gutes bewirken. Allerdings sollte dann fester Druck vermieden werden.

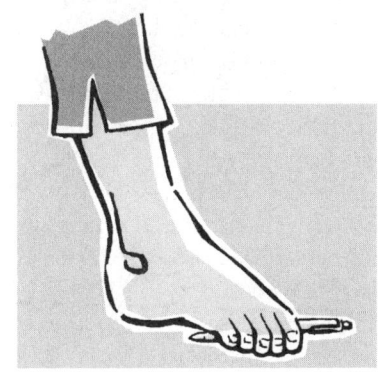

Die erste Fische-Übung wird als »Zehengreifen« bezeichnet: Heben Sie Gegenstände – Kugelschreiber, Socken usw. – mit den Zehen auf, mindestens siebenmal. Sollte sich dabei ein kleiner Krampf einstellen, sofort aufhören und die Zehen fest nach oben biegen. Atmen Sie regelmäßig und tief während dieser und aller drei folgenden Übungen.

Die zweite Fische-Übung heißt das »Zehenrennen«: Wählen Sie die denkbar langsamste Fortbewegungsart, um Ihren Füßen die Fische-Energie zugute kommen zu lassen, und legen Sie im Stehen einen Meter zurück, indem Sie mit den Zehen den Boden greifen und dabei jedes Mal einen Zentimeter vorrutschen.

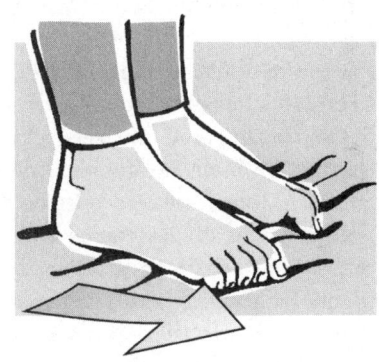

Beginnen Sie dabei mit dem Gehen auf einem Teppichboden oder dergleichen, weil die Übung auf einem harten Boden anfangs etwas schmerzen kann. Sie gehört übrigens zu den allerbesten vorbeugenden und lindernden Maßnahmen gegen Schnupfen und Erkältung!

Die dritte Fische-Übung, das »Zehenwackeln«: Bewegen Sie die Zehen auf und ab, so oft Sie können und wollen. Die Chinesen machen es übrigens immer 99-mal.

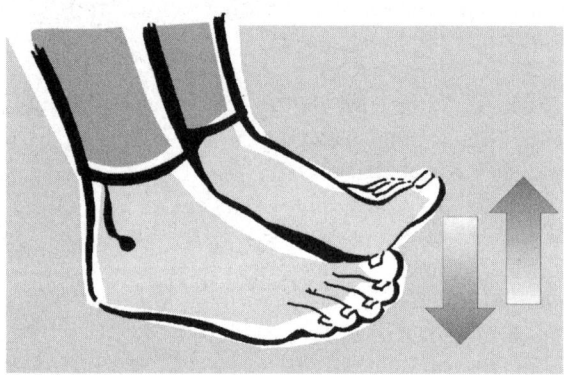

Diese Übung können Sie an jedem Tag im Tierkreis durchführen, wenn Ihnen danach ist, speziell wenn Sie mit dem Kreislauf Probleme haben oder wenn Ihnen generell der Schwung für den Tag fehlt. Sollten Sie dabei manchmal von einem Krampf im Fuß befallen werden, so ist das meist ein Zeichen von Magnesiummangel.

Die vierte Fische-Übung: Schlagen Sie im Sitzen oder Liegen das rechte über das linke Bein, und kreisen Sie mit dem rechten Fuß. Zuerst sieben Sekunden lang im Uhrzeigersinn, dann sieben Sekunden lang entgegengesetzt. Wechseln Sie anschließend das Bein und den Fuß. Wiederholen Sie diese Übung, solange es Ihnen gefällt.

Eine Anmerkung: Generell ist das Übereinanderschlagen der Beine im Sitzen eine der Hauptursachen für Beckenschiefstand und gelenkbedingte Beinlängenverkürzungen, die wiederum Auslöser einer Vielzahl von Beschwerden sind, wenn sie unbehandelt bleiben. Sie sollten zuerst einen guten Chiropraktiker oder Osteopathen aufsuchen, wenn Ihre Beine verschieden lang sind. Dieser Unterschied kann nämlich in vielen Fällen wieder problemlos behoben werden. Spezielle Schuheinlagen sind

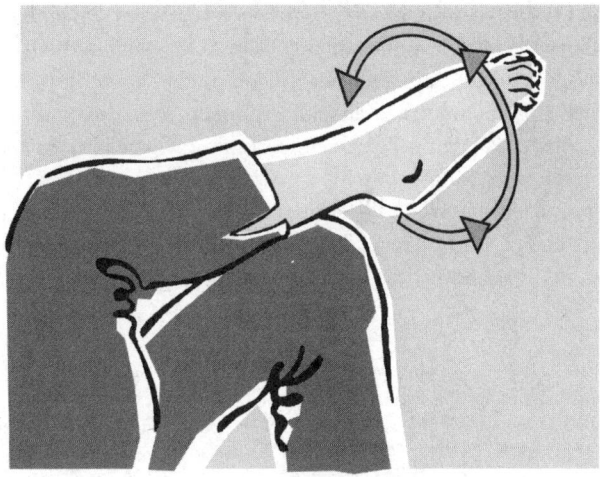

hier oftmals eine überflüssige bis schädliche Maßnahme, weil es ja nicht um einen »echten« Beinlängenunterschied geht.

Was Sie sonst noch tun können: Sinnvoll wäre es, regelmäßig zur Vorbeugung oder immer, wenn Sie gerade daran denken, auch in den Schuhen die Zehen so aufzustellen, als ob Sie etwas mit ihnen greifen wollten. Das übt einen starken, manchmal etwas schmerzhaften und massierenden Druck auf bestimmte Punkte an den Zehenspitzen aus. Dieser Druck wiederum regt Energiebahnen im Körper an, die beginnende oder bestehende Erkältung günstig beeinflussen und generell vorbeugend und kräftigend wirken.

Damit hat sich der Kreislauf geschlossen – von Widder bis Fische, ein kompletter Zyklus. Im Lauf eines Monats können Sie dem Körper gezielt geben, was er braucht – vom Kopf bis zu den Zehen. Damit Sie's ein wenig leichter haben, finden Sie im Folgenden die Tabelle 2, die Ihnen das Einprägen der Übungen erleichtert. Wir empfehlen, sie zu kopieren und immer am Übungsort griffbereit zu halten.

Lassen Sie die Kräfte des Universums für sich arbeiten – bei einem Minimum an Gegenleistung, nämlich einigen Minuten täglich in Ihrem Leben. Lassen Sie es uns hart, aber ehrlich formulieren: Wenn Sie selbst sich nicht täglich eine solch kurze Zeitspanne gönnen, wird die Natur Sie früher oder später dazu zwingen, sich einige Tage und Wochen »Auszeit« zu nehmen. Und zwar dann, wenn Sie es am wenigsten wünschen.

Keine Sorge jedoch, wenn Sie einmal mit der Mondgymnastik aussetzen – aus welchen Gründen auch immer. Was wir Ihnen auf den folgenden Seiten in die Hand geben, funktioniert auch dann!

Auf Wiedersehen und viel Freude beim Mitmachen.

Legende:
S = Sitzen
ST = Stehen
LR = Liegen auf dem Rücken
LS = Liegen auf der Seite
4F = Vierfüßlerstand

Mondgymnastik	Code	Übung	Mondgymnastik	Code	Übung
1. Grundübung:	LR	Hüftschwung	Waage 1:	ST	Beine einfahren
2. Grundübung:	S/ST	Kopf neigen	Waage 2:	LR	Beine ausfahren
3. Grundübung:	S/ST	Welt umarmen	Waage 3:	ST	Knie zur Brust
			Waage 4:	LS	Fersen hoch
Abschlussübung:	ST	Der Sonne entgegen			
			Skorpion 1:	L/S/ST	Beckenboden
Widder 1:	S/ST	Nasenwurzel massieren	Skorpion 2:	LR	Knie drücken
Widder 2:	S/ST	Ohren fassen	Skorpion 3:	LR	Startrampe
Widder 3:	S/ST	Augen rollen			
			Schütze 1:	ST	»Kniebeuge« an der Wand
Stier 1:	S/ST	Dornfortsätze	Schütze 2:	LS	»Fußball«
Stier 2:	LR	Hals drückt Boden	Schütze 3:	LS	Fersen ans Gesäß
Stier 3:	S/ST	Kopf seitlich drücken			
Stier 4:	S/ST	Hals mit Handaußenseite	Steinbock 1:	S	Kniekehle massieren
			Steinbock 2:	4F	»Bankstellung«
Zwillinge 1:	ST	Windmühle	Steinbock 3:	S	Beine baumeln
Zwillinge 2:	S/ST	Schulterkreisen			
			Wassermann 1:	ST	»Oberlehrer«
Krebs 1:	S/ST	Arme vor Brust verschränken	Wassermann 2:	ST	Dem Boden entgegen
Krebs 2:	4F	Bewegliche Sphinx	Wassermann 3:	LR	Radfahren
Löwe 1:	S/ST	Welt umarmen	Fische 1:	ST	Zehengreifen
Löwe 2:	S/ST	Herzmeridian	Fische 2:	ST	Zehenrennen
			Fische 3:	S/ST/L	Zehenwackeln
Jungfrau 1:	LR	Oberkörper aufrichten	Fische 4:	S/L	Fußkreisen
Jungfrau 2:	LR	Scheren und Grätschen			
Jungfrau 3:	LR	Schulter zum Knie			

Tabelle 2: **Merktabelle zur Mondgymnastik**

B. Sie haben's im kleinen Finger – Fingerarbeit und Energiespiralen im Rhythmus von Tag und Nacht

Kennen Sie das auch? Manchmal wacht man morgens in einem Zustand auf, dass selbst das Aufraffen Mühe bereitet, um sich ächzend aus dem Bett zu rollen...

Oder sogar die erste Grundübung der Mondgymnastik scheint zu viel verlangt, weil allein schon das Gewicht der Beine zu schwer lastet. Am liebsten würden Sie nur mit den Fingern auf die Bettkante klopfen in der Hoffnung, dass jemand Ihre Morsezeichen versteht und Ihnen die Erlaubnis erteilt, noch drei Tage im Bett zu bleiben oder gar gleich Winterschlaf zu halten.

Keine Sorge, auch uns ist dieser Zustand vertraut – wunderbar, wenn man im Bett bleiben kann, grauslich, wenn es keinen Pardon gibt und ein wichtiger Termin oder ein erbarmungsloses Verantwortungsgefühl uns zum Aufstehen zwingt.

Wir haben da eine Lösung für Sie! Eine einfache Technik der Abhilfe, jahrtausendealt, von Generation zu Generation weitergegeben wie das Mondwissen auch, seit einigen Jahrzehnten in Vergessenheit geraten, ein altes Wissen, das nicht nur in der beschriebenen Situation Gold wert ist, sondern auch in einer großen Vielfalt weiterer Lebenslagen, wie Sie sehen werden. (Wenn Sie allerdings diesen Zustand häufig erleben, möchten wir Ihnen dringend ans Herz legen, Ihren Schlafplatz auf negative Einflüsse, Strahlungen usw. untersuchen zu lassen! Siehe auch unser Buch *Aus eigener Kraft*, Seite 281).

Seltsam ist, dass es auch hier in unserem Kulturkreis keine spezielle Bezeichnung mehr dafür gibt, ebenso wie für die Ernährungstypen, die wir ja erst neu taufen mussten – nämlich Alpha und Omega (siehe unser Buch *Alles erlaubt!*).

126

Die *Fingerarbeit* ist es, die wir Ihnen auf den folgenden Seiten nahe bringen wollen – ein System des Umgangs mit den Fingern der rechten und der linken Hand, eine einfache, leicht erlernbare Technik mit klar definierten Absichten und deutlichen, schnell erfahrbaren und höchst segensreichen Resultaten. Zum Beispiel eben, an einem völlig »abgeschlafften« Morgen doch noch den Körper in Form zu bringen und so munter zu werden, dass des Tages Müh' sich nicht bedrohlich vor uns auftürmt, sondern als frohgemut anzugehende Herausforderung empfunden wird.

Haben Sie schon einmal Kinder dabei beobachtet, wie sie irgendwo stehen, sitzen und bei etwas zuschauen und dabei mit einer Hand einen Finger der anderen Hand umfassen und festhalten? Instinktiv wenden sie dabei eine Technik an, die der Menschheit seit alters her bekannt war.

Gehen wir es hier der Reihe nach an, Schritt für Schritt, ohne Hast, denn auch für uns ist das Aufschreiben dieser Technik Neuland. Wie wenn Sie von frühester Kindheit an schwimmen konnten und jetzt plötzlich jemandem brieflich beibringen müssen, wie es geht…

1. Die Technik der Fingerarbeit

Bevor wir Ihnen das Wirkungs- und Wechselwirkungsspektrum der Fingerarbeit schildern, möchten wir Ihnen beschreiben, wie man's macht – eine kleine Gebrauchsanweisung. Sie können sie dann sofort bei der Besprechung der Anwendungen nachmachen und ausprobieren.

Es geht (mit einer Ausnahme) darum, mit einer Hand einen der fünf Finger der jeweils anderen Hand zu umfassen, mit leichtem, nicht abschnürendem Druck – wie bei einem festen Händedruck.

Der Druck, mit dem Sie zum Beispiel mit der rechten Hand den Daumen der linken Hand fassen, sollte gerade so groß sein, dass Sie nach ein paar Sekunden oder einer oder zwei Minuten ein schwaches *Klopfen* fühlen – im Daumen oder in der Hand, das lässt sich nicht so klar unterscheiden.

Wenn Sie es fühlen (es klopft nicht im gleichen Takt wie Ihr Puls!), dann halten Sie den Finger so lange fest, bis das Klopfen aufgehört hat.

Für den Fall, dass Sie nach längstens einer Minute immer noch kein Klopfen spüren, brauchen Sie es nicht weiter versuchen. Dieser Finger ist dann schon »in Harmonie«.

Fehlt noch das sechste Element der Fingerarbeit: Gemeinsam mit den fünf Fingern und der Technik ihres Haltens gibt es noch einen Punkt in der Mitte der Handfläche, den *Handmittelpunkt*. Ihn aktivieren und harmonisieren Sie, indem Sie mit dem Daumen der einen Hand einen Punkt auf der Innenseite der anderen Hand sanft drücken, wobei die Finger der drückenden Hand den Handrücken der anderen Hand umschließen.

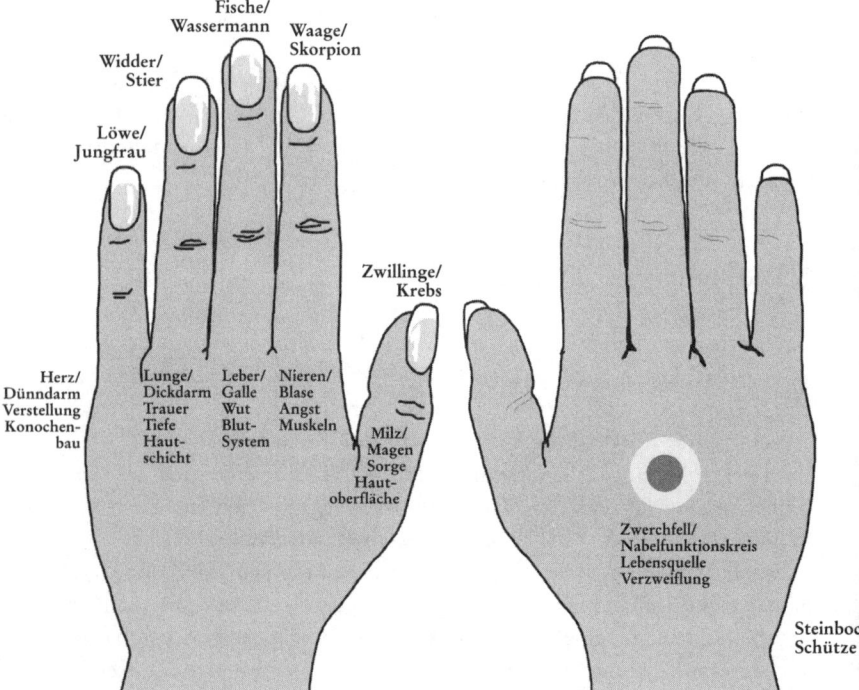

Dieser Punkt befindet sich fast genau in der Mitte der Handfläche, einige Zentimeter in gerader Linie unterhalb des Mittelfingers. Die Dauer des Drückens ist ganz Ihnen überlassen – eine oder zwei Minuten sollten genügen.

Das Gefühl, diesen Punkt richtig erwischt zu haben, ist anders als bei den Fingern und von Mensch zu Mensch ein wenig verschieden. Meist fühlt es sich an wie ein leichter Schmerz, ein leichtes Kribbeln, ähnlich einem schwachen Strom, der nur dort fließt. Dieser Punkt hat einen etwas größeren Durchmesser; Sie werden ihn sicherlich schnell finden.

Und schließlich: Die Fingerarbeit können Sie nicht nur bei sich selbst durchführen, sondern auch bei anderen Menschen – für andere Menschen. Besonders Kinder reagieren sehr rasch auf die Energie und die Lebensgeister, die Sie damit wecken.

Ganz einfach, nicht wahr? Werfen Sie jetzt als nächsten Schritt einen nur oberflächlichen Blick auf die Tabelle 3 auf Seite 130, »*Fingerarbeit und Kleine Energiespiralen. Zusammenhänge und Wechselwirkungen*«.

Allein diese Tabelle, kombiniert mit der Kenntnis der soeben beschriebenen Technik der Fingerarbeit, würde genügen, um sich das Wissen um die Kraft der Fingerarbeit gänzlich zu erschließen. Es würde gewiss einige Zeit der Experimente erfordern, doch es wäre machbar.

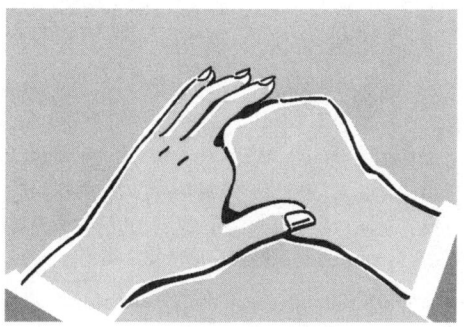

Die Fingerarbeit

Finger	Organ	Uhrzeit (Normalzeit)	Uhrzeit (Sommerzeit)	Funktions- kreise	Gemüts- zustand	Die Kleinen Energie- spiralen
Ringfinger	Lunge	3 – 5 Uhr	4 – 6 Uhr	Tiefe Hautschicht	Trauer	Widder
Ringfinger	Dickdarm	5 – 7 Uhr	6 – 8 Uhr	Tiefe Hautschicht	Trauer	Stier
Daumen	Magen	7 – 9 Uhr	8 – 10 Uhr	Hautoberfläche	Sorgen	Zwillinge
Daumen	Milz	9 – 11 Uhr	10 – 12 Uhr	Hautoberfläche	Sorgen	Krebs
Kleiner Finger	Herz	11 – 13 Uhr	12 – 14 Uhr	Knochensystem	Verstellung	Löwe
Kleiner Finger	Dünndarm	13 – 15 Uhr	14 – 16 Uhr	Knochensystem	Verstellung	Jungfrau
Zeigefinger	Blase	15 – 17 Uhr	16 – 18 Uhr	Muskelsystem	Angst	Waage
Zeigefinger	Nieren	17 – 19 Uhr	18 – 20 Uhr	Muskelsystem	Angst	Skorpion
Handmitte	Zwerchfell	19 – 21 Uhr	20 – 22 Uhr	Lebensquelle	Verzweiflung	Schütze
Handmitte	Nabelfunk- tionskreis	21 – 23 Uhr	22 – 0 Uhr	Lebensquelle	Verzweiflung	Steinbock
Mittelfinger	Galle	23 – 1 Uhr	0 – 2 Uhr	Blutsystem	Zorn, Wut	Wassermann
Mittelfinger	Leber	1 – 3 Uhr	2 – 4 Uhr	Blutsystem	Zorn, Wut	Fische

Tabelle 3: **Fingerarbeit und Kleine Energiespiralen – Zusammenhänge und Wechsel-wirkungen**

Wir lassen Sie natürlich nicht allein mit Technik und Tabelle, sondern wollen zumindest beginnen zu beschreiben, wie Sie die Fingerarbeit für sich nutzen können. Die Zusammenhänge sind sehr vielfältig und sinnreich, sie öffnen einen weiteren Blick des Staunens auf das Wunderwerk Mensch.

2. Fingerarbeit und die Organe des Körpers

Die erste Spalte der Tabelle 3 gibt den jeweiligen Finger an, in der zweiten Spalte finden Sie eine Zuordnung unserer inneren Organe zu den einzelnen Fingern. Die Frage, warum die Finger hier nicht in der Reihenfolge angegeben sind, wie sie auch unsere Hand bilden, beantwortet sich etwas später, wenn wir die weiteren Beziehungen beleuchten. Die Grundregel für die Beziehung zwischen Fingern und inneren Organen lautet:

Jedem Finger der menschlichen Hand und dem Handmittelpunkt sind innere Organe zugeordnet. Mittels der Technik der Fingerarbeit lässt sich über den jeweiligen Finger und den Handmittelpunkt das zugeordnete Organ positiv beeinflussen – zur Linderung, Heilung, Aktivierung, Harmonisierung, Therapiebegleitung.

Mit Yoga vertrauten Leserinnen und Lesern wird auffallen, dass der Ringfinger für die Lunge zuständig ist – und nicht der Daumen, wie sie es gelernt haben. Das ist damit begründet, dass durch den Ringfinger die *erste* Lungenleitung, durch den Daumen die *zweite* Lungenleitung als *Nebenleitung* verläuft. Warum die Kunst des Yoga hier die Betonung auf die zweite Leitung gelegt hat, ist uns nicht bekannt. Vielleicht verbirgt sich aber hier der Grund, warum Yoga-Lehrer manchmal Probleme mit Atmung und Sauerstoffversorgung haben. Noch einige Unterschiede zum Yoga sind zu erkennen, persönliche Erfahrung wird Ihnen hier den richtigen Weg weisen.

Wie Sie diese Information für sich umsetzen können, ergibt sich im Alltag ganz von selbst. Ein Beispiel: Angenommen, Sie haben häufiger unter Magendrücken zu leiden. Die Fingerarbeit am Daumen könnte hier eine kleine Soforthilfe bei akuten Schmerzen leisten und sie manchmal sogar zum Verschwinden bringen.

Natürlich hat es keinen Sinn, nur den Daumen zu bemühen, um eine Gastritis oder gar ein Magengeschwür zu beseitigen. Aber dennoch: Der Magen erhält sofort einen kleinen Energieschub, der mithilft, die Blockade aufzulösen.

Eine kleine Parabel vom Automobil (Folge 4)

Ein Autofahrer, der im Dunkel eines Wintermorgens seinen Autoschlüssel in den Schnee fallen lässt, würde mit der Suche nicht warten, bis ihm Flutlicht zur Verfügung steht oder die Sonne aufgeht. Eine kleine Taschenlampe oder ein Streichholz würde schon genügen.
(Fortsetzung folgt)

Und oftmals kommt es ja vor, dass man die Ursache von Magenbeschwerden genau kennt und weiß, dass sie von selbst vergehen – etwa wenn Sie von lieben Freunden zum Essen eingeladen sind und zufällig Speisen auf den Tisch kommen, die Sie nicht vertragen. Oftmals will man da kein Spielverderber sein – und schon rumort es im Bauch. Ganz unauffällig können Sie in einem solchen Fall »zum Daumen greifen« und dem Körper signalisieren, dass Sie für ihn da sind.

Weitere Zusammenhänge: Der Zeigefinger beispielsweise ist meist der erste Finger, an dem sich Rheuma oder Gicht ankündigen, weil Nieren und Blase mit ihrer Entgiftungsarbeit nicht mehr nachkommen. Manchmal ist es auch der kleine Finger, in dessen Gelenken Schlacken abgelagert werden, wenn etwa das Herz durch Blutübersäuerung, Rauchen usw. überlastet ist und hier Mülldepots errichtet.

Wie Sie Tabelle 3 entnehmen können, ist die Handmitte für »Zwerchfell und Nabelfunktionskreis« zuständig. Vielleicht können Sie sich momentan wenig darunter vorstellen. Nun, das ist kein Wunder, denn beide Körperregionen sind gleichsam die stillsten in unserem treuen Vehikel. Das Zwerchfell spüren Sie nur sehr selten, etwa beim Schluckauf, und den Nabelfunktionskreis kennen Erwachsene fast gar nicht mehr. Sie haben ihn betäubt.

Kinder dagegen leisten sich den Luxus der Lebendigkeit dieses Körperbereichs, weil sie durch ihn die Welt unmittelbar erfühlen. In dieser Region haben Kinder ihr berühmtes »Bauchweh« vor Schulprüfungen, das Bauchweh auf Grund seelischer Bedrückung und Verzweiflung. Das ist kein körperliches Leiden im eigentlichen Sinne, sondern der Nabelfunktionskreis, der sich hier meldet. Natürlich verwandelt sich dieses Bauchweh mit der Zeit in eine körperliche Störung, wenn die Ursache, die Ängste usw. sich nicht auflösen.

Halten Sie dann Kindern einmal ganz buchstäblich den Daumen – den Daumen des Kindes nämlich! Oder machen Sie mit ihnen die Fingerarbeit an der Handmitte, wenn sie in Situationen von seelisch bedingtem Bauchweh sind – und Sie werden ihren Sinn sehr schnell und unmittelbar erfahren. Und lehren Sie danach Ihre Kinder diese Praktik, besonders im Hinblick auf die fünfte Spalte der Tabelle 3, die Gemütszustände. Prüfungsangst beispielsweise können Kinder sehr erfolgreich mit dem Zeigefinger in den Griff bekommen – im wahrsten Sinne des Wortes.

Generell ist die Handmitte also zuständig für Zwerchfell, Bauchspeicheldrüse, Nabelregion – für jene »Gefühle im Bauch«, die uns manchmal in der hereinbrechenden Nacht mit Macht beschleichen. Es ist auch die Quelle der Gefühle, die die Jugend abends auf die Idee kommen lässt, sie würde das Leben versäumen, wenn sie jetzt nicht ausgeht…

Womit wir zur nächsten Spalte kommen.

3. Die Zwölf Organrhythmen im Tageslauf

Bringen wir nun die dritte und vierte Spalte der Fingerarbeit-Tabelle 3 ins Spiel – die Uhrzeit in Kombination mit Organen und Fingern. Leserinnen und Leser unseres Buches *Aus eigener Kraft* haben sicherlich die Verbindung zwischen den Spalten zwei, drei und vier schon erkannt: Es handelt sich um die *Hochphasen der Organe im Tagesablauf* – jene zwei Stunden am Tag, in denen die jeweiligen Organe am besten und intensivsten arbeiten.

Hier lautet die Grundregel der Fingerarbeit wie folgt:

Mittels der Technik der Fingerarbeit lässt sich über den jeweiligen Finger und den Handmittelpunkt das zugeordnete Organ positiv beeinflussen – zur Linderung, Heilung, Aktivierung, Harmonisierung. Dabei ist die größte Wirksamkeit zu erzielen, wenn zusätzlich auf die Uhrzeit der Hochphase des jeweiligen Organs geachtet wird.

Als Beispiel soll hier dienen, dass das Herz zwischen elf Uhr vormittags und ein Uhr nachmittags am besten arbeitet und der Dünndarm danach für seine Arbeit nach Ruhe verlangt und eine leichte Müdigkeit schickt. Diese Müdigkeit ist es auch, die eine kleine Siesta um diese Zeit so erholsam und gesund (!) macht.

Die Fingerarbeit am kleinen Finger kann nun wie ein hochwillkommener Energieschub wirken, der die Tasse Kaffee überflüssig macht, wenn Sie sich eine kleine Ruhepause nicht leisten können oder wollen.

Hier sei die wichtige Anmerkung angebracht, dass die Kenntnis der Zeitpunkte der Hochphasen der Organe auch als diagnostisches Instrument anwendbar ist. Wenn Sie etwa immer um drei Uhr früh aufwachen (vier Uhr Sommerzeit), dann deutet das relativ sicher auf eine belastete Lunge hin – woher auch immer die Belastung kommen mag. Sie können jetzt sogleich die Fingerarbeit anwenden und den Ringfinger harmonisieren. Oftmals genügt das, um bald wieder einzuschlafen. Das sollte Sie jedoch nicht davon abhalten, nach den Ursachen zu forschen. Die Fingerarbeit vermag in diesem Fall zumindest wirkungsvolle Überbrückungshilfe zu geben. Wenn Sie sie sich zur Gewohnheit machen, tritt eine Besserung ein.

Als weitere diagnostische Funktion der Finger kann der leichte Schmerz dienen, der manchmal von bestimmten Fingergelenken ausgeht. Tut ein Gelenk des Zeigefingers weh, so sind möglicherweise entweder Blase oder Nieren belastet, oder Sie haben seit längerem schon vor irgendetwas Angst, oder das Muskelsystem ächzt unter einer Last, etwa von nicht abgebauten Säuren usw.

4. Die sechs Funktionskreise

Wenden wir uns nun der vierten Spalte zu, den körperlichen *Funktionskreisen*. Hier lautet die Grundregel:

Jedem Finger einer Hand und dem Handmittelpunkt sind körperliche Funktionskreise zugeordnet. Mittels der Technik der Fingerarbeit lässt sich über den jeweiligen Finger der zugeordnete Funktionskreis positiv beeinflussen – zur Linderung, Heilung, Aktivierung, Harmonisierung.

Die tiefen Hautschichten: Was haben Ringfinger, Lungen und tiefe Hautschichten miteinander zu tun? Wussten Sie, dass Lungenkranke fast immer eine fahle, schlecht durchblutete Haut haben? Nachdem sich die Lunge in der Zeit von drei bis fünf Uhr morgens regeneriert, sehen wir das oft auch bei Menschen, die in dieser Zeit nicht schlafen können – bei Schichtarbeitern, Müttern mit Babys, die nicht durchschlafen, Flugpersonal auf Überseeflügen usw.

Die tiefen Hautschichten brauchen also ebenso wie die Lungen zu ihrer Regeneration die Ruhe am frühen Morgen. Über die Fingerarbeit am Ringfinger lässt sich manchmal schnell Leben in blasse Wangen zaubern.

Die oberen Hautschichten: Fast umgekehrt verhält es sich beim Funktionskreis *obere Hautschichten*. Wenn Sie die Zeit zwischen sieben und neun Uhr morgens verschlafen, wachen Sie in der Regel viel »zerknitterter« auf, als wenn Sie um sieben Uhr aus dem Bett hüpfen – unabhängig von der Schlafdauer! Sie tun den *oberen Hautschichten* Gutes, wenn Sie den Morgen wach und fröhlich begrüßen. Den »Daumen zu halten« hilft, wach zu werden, die Sorgen über Bord zu werfen und die Wangen zu glätten.

Das Knochensystem: Herz, Dünndarm, *Knochensystem* und kleiner Finger sind in Funktionskreisen eng verbunden. Im Embryo und später im Kind erfährt das Knochensystem seine Entwicklungsschübe zu dem Zeitpunkt, an dem der Mond das Tierkreiszeichen Steinbock durchwandert, aber auch besonders zwischen elf Uhr vormittags und drei Uhr nachmittags – durch die Tätigkeit von Herz und Dünndarm. Leiden Letztere, so leiden auch die Entwicklung und Pflege des Knochensystems. Dem kleinen Finger eine Fingerarbeit zukommen zu lassen, ist in diesem Zeitraum wie eine kleine Kalzium- und Vitaminspritze für müde Knochen.

Das Muskelsystem: Wenn die Nieren nicht gut arbeiten – etwa weil wir zu wenig trinken –, dann kann auch die Blase ihrer Arbeit nicht so erfolgreich nachkommen, wie es gedacht ist. Es kommt automatisch zu Einlagerungen von Schlacken im *Muskelsystem* und anfangs zu einer Art »Minirheuma«.

Sie wissen ja: Die Fingergelenke lassen sich auch als »Diagnosegerät« nutzen. Schmerzt eines der Gelenke des Zeigefingers etwas, so sollten Sie die Fingerarbeit machen und – viel trinken! Denn höchstwahrscheinlich sind Blase oder Nieren gerade irgendwie überanstrengt. Oder aber die Muskeln ächzen gerade unter irgendeiner Schlackenlast.

Oder haben Sie vor irgendetwas Angst? Davon mehr bei der Besprechung der nächsten Spalte.

Rheumatiker verspüren oftmals gerade nachmittags oder abends vermehrt Schmerzen, weil durch den Zusammenhang von Uhrzeit und Nieren bzw. von Blase und Muskelarbeit die Schlacken vermehrt eingelagert und fühlbar werden.

Die Lebensquelle: Die Zeit zwischen 19 und 23 Uhr ist verbunden mit Handmitte, Zwerchfell/Nabelfunktion und dem Funktionskreis *Lebensquelle*. In dieser Zeit bekommt man direkt zu spüren, welche Sünden man tagsüber begangen hat. Die Nacht hat begonnen, Trübsinn droht. Die allertörichteste Handlung ist jetzt, den Fernseher einzuschalten, um sich »abzulenken«. Abzulenken wovon?

Wenn Sie diese Frage bis in den letzten Winkel ausleuchten, über den Grund sich austauschen mit Menschen, die Ihnen wohlgesonnen sind, und dann die Ursache abstellen, damit Sie sich nicht mehr ablenken müssen – was für ein Sieg! Ein neues Leben stünde Ihnen offen.

Die Fingerarbeit an der Handmitte hilft Ihnen, das Wichtige vom Unwichtigen zu unterscheiden. Und bringt Sie in Kontakt mit Ihrer Lebensquelle.

Das Blutsystem: Mit dem Begriff *Blutsystem* ist nicht der Kreislauf an sich gemeint, mit seinem Netzwerk aus Venen und Arterien und dem Herz als Mittelpunkt, sondern die Funktion des Blutes als Ernährer und Entgifter des Körpers.

Ein Mensch, der nicht in sich ruht, bringt sein gesamtes Blut durcheinander, sogar die chemische Zusammensetzung ändert sich radikal. Vor und nach einem Zornesausbruch: Das Blut ist ein völlig anderes. Die Natur hat es deshalb hier sehr weise eingerichtet, dass sich das Blutsystem in der Zeit von elf Uhr abends bis drei Uhr nachts regeneriert – im Schlaf am besten. Ebenso gilt aber, dass ungeliebte Arbeit, negative Gefühle, Alkohol usw. in diesen vier Stunden doppelt und dreifach negative Auswirkungen haben – auf Galle und Leber, aufs Blutsystem. Noch genauere Zusammenhänge erfahren Sie im Folgenden.

5. Die sechs Gemütszustände

Besonders interessant und wertvoll ist die Kenntnis des Zusammenhangs zwischen Gemütszuständen und Fingerarbeit (die fünfte Spalte in Tabelle 3).

*Jedem Finger einer Hand und dem Handmittelpunkt sind auch tief
greifende negative Gemütszustände zugeordnet. Mittels der beschriebenen Technik der Fingerarbeit lässt sich über den jeweiligen Finger
der zugeordnete Gemütszustand positiv beeinflussen – in Richtung
Milderung, Entspannung, Beruhigung, Abschwächung, Ermutigung.*

In früheren Zeiten kannte jedes Kind die Fingerarbeit, und man bediente
sich einer Eselsbrücke, um sich die Fingerarbeit zu merken, soweit es die
Gemütszustände betraf. Was ja für Kinder meist der allerwichtigste Zusammenhang ist. Und so lauten die Merksätze, bezogen auf die Reihenfolge Daumen, Zeigefinger, Mittelfinger, Ringfinger, kleiner Finger und
Handmittelpunkt:

*Der Daumen bringt Sorgen, der Finger die Angst.
Die Wut ist verborgen, wenn trauern nicht kannst.
Verstell' nicht dein Leben, Verzweiflung sonst naht,
Drum gib deine Hände in Gottes Gnad'.*

Denken Sie nicht zu viel über diesen Vers nach, er war als Merkspruch
zum Auswendiglernen gedacht und nicht, um einen geheimnisvollen, tie-
feren Sinn zu vermitteln. Die letzte Zeile sollte daran erinnern, dass die
aneinander gelegten Innenflächen der Hand gleichzeitig ein wunderbarer
Abschluss der Fingerarbeit sind, wenn es um Harmonisierung geht – in
erster Linie der negativen Gemütszustände, aber auch bei der Konzentration auf angeschlagene Organe und Funktionskreise. Die Handhal-
tung beim Gebet hat sicherlich in diesem Umstand auch einen Teil Ihres
Ursprungs.

Die Fingerarbeit mit den Gemütszuständen ist also ungeheuer einfach
und leicht zu merken. Dafür einige Beispiele:

• Sie schnappen sich Ihren *Daumen*, wenn chronische Sorgen Sie plagen.
  Und freuen sich, wenn die Nebel sich nach wenigen Sekunden oder
  Minuten lichten.

Eine Anmerkung: Wenn Sie jemandem voll Begeisterung fest die Daumen halten, wird manchmal die Atmung sehr viel flacher, weil der zweite Lungen-Meridian (aus Akupunktur und Yoga bekannt) durch den Daumen verläuft und durchs Daumenhalten blockiert wird. Deshalb *nach* dem Daumenhalten alle Finger fest ausstrecken und bewusst wieder tief atmen.

- Sie bearbeiten den *Zeigefinger* Ihres Kindes, wenn es zum Zahnarzt muss. Und schauen zu, wie es sich beruhigt, als ob Sie ihm seine Lieblingsgeschichte vor dem Schlafengehen vorgelesen hätten. Legasthenisch veranlagte Kinder können mit dem Zeigefinger sehr gut behandelt werden. Das sind ja meist hochintelligente Kinder, die ihrem Gefühl so sehr misstrauen, dass sie alles verstandesmäßig erfassen wollen. Ein guter Platz, Arbeiten nach dem Biorhythmus, weniger Kontrolle seitens der Eltern – und schon können die Kinder allmählich auch mit Hilfe der Fingerarbeit Selbstvertrauen gewinnen und innerlich zu mehr Ruhe finden.

- Sie fassen den *Mittelfinger*, wenn Sie sich beruflich mit einer Situation konfrontiert sehen, in der ein Zornesausbruch in der Luft liegt, weil die ganze Sache so ungerecht ist! Und gewinnen genau den kühlen Kopf, der nötig ist, um den nächsten Schritt zu planen, ohne sich die Zukunft zu verbauen.

- Ihr *Ringfinger* ist an der Reihe, wenn Sie Grund zum Trauern haben, wenn Sie Abschied von etwas Geliebtem nehmen müssen und sich das Loslassen erleichtern wollen, indem Sie den Ringfinger *nicht* loslassen.

- Die Fingerarbeit am *kleinen Finger* kann Ihnen helfen, den Zwang abzulegen, immer jemand anderer sein zu müssen als der, der Sie wirklich sind. Wenn Sie stets nur Ihre beste Seite zeigen, auf Kosten der Wahrhaftigkeit, wenn Sie »zu gut sind, um wahr zu sein«, auf Kosten Ihres eigenen Lebens – dann kann Ihnen der kleine Finger das nötige Quäntchen Mut vermitteln, den Schritt in die Wirklichkeit zu tun. Wo die Luft zwar scheinbar kühler ist, der Ausblick aber viel schöner. Gemocht zu werden auf Grund einer Show, die Sie abziehen, gehört zu den anstrengendsten Dingen in unserem Leben. Zu den schlimmsten Schicksalen auf dieser Welt zählt großer Erfolg, erzielt mit einer ungeliebten Tätigkeit. Ein unsichtbares Gefängnis, das viel Charakterstärke verlangt, um es zu verlassen. Die Arbeit an diesem Finger hilft auch, den Unsinn einer Lüge, die man plant, deutlicher zu erkennen – und dann vielleicht lieber bei der Wahrheit zu bleiben.

- Und schließlich der »Verzweiflungspunkt« – die *Handmitte*. Diesen Punkt zu drücken kann Erste Hilfe leisten bei prekären Situationen, in denen auf den ersten Blick jeglicher Ausweg blockiert ist. Oftmals hilft er dabei zu erkennen, dass es *immer* einen Ausweg gibt. Zu erkennen, dass folgendes Sprichwort stimmt: »In dunkelster Nacht ist der Morgen am nächsten.« Dieser Punkt sollte nicht ausgelassen werden, wenn Sie es mit einem Anflug von Depression zu tun haben. Depression bedeutet fast immer, dass die »Wut gewonnen hat« und sich nach innen richtet. Also zuerst den Handmittelpunkt und dann den Mittelfinger bearbeiten.

Die Fingerarbeit kann Großartiges leisten. Haben Sie schon einmal einen langweiligen, depressiven Menschen erlebt, der beispielsweise vor dem Fernseher sitzt und einer Fußballmannschaft die Daumen drückt? Natürlich nicht, denn Sie wissen jetzt, was geschieht, wenn Sie jemandem fest die Daumen drücken! Die angenehme »Nebenwirkung« ist, dass es *Ihnen* selbst besser geht.

Jeder Mensch, der ein wenig zu Hoffnungslosigkeit und Schwarzseherei neigt, sollte mal versuchen, einfach nur die Daumen zu halten. Sofort erwacht die Lebensenergie, und der erste Schritt zum Durchbrechen des Teufelskreises ist getan. Würden Sie jetzt den Mut aufbringen, der Ursache Ihres Problems ins Auge zu schauen, so könnten Sie den nächsten – kleinen – Schritt machen, und den nächsten und den nächsten... Schritt für Schritt könnte der Organismus wieder zur optimalen Funktion zurückkehren.

Angesichts der Auswüchse unserer verrückten Leistungsgesellschaft entwickeln wir die Überzeugung, solch kleine Schritte wie Daumenhalten und all die kleinen Schritte, die folgen – wie etwa mehr Wasser trinken –, sind der »Mühe« nicht wert. Zwischen robuster Gesundheit und Ausfall und Krankenhaus fehlt uns oftmals der Mut zum Kompromiss.

Eine kleine Parabel vom Automobil (Folge 5)

Jeder Autofahrer weiß, wie sein Traumauto entsteht, nämlich Schritt für Schritt – zuerst als Idee im Kopf des Konstrukteurs mit einer Million Zwischenschritten bis hin zur ersten Tankfüllung und schließlich zum Umdrehen des Zündschlüssels. Er weiß auch, dass alle Mühe des Konstrukteurs vergeblich ist, wenn niemand den Führerschein macht. Wenn niemand Ziele hat, die er mit dem Auto aufsuchen möchte.
(Fortsetzung folgt)

Nur Mut also! Lernen Sie einfach anzunehmen, dass unser Konstrukteur sich mit uns etwas gedacht hat. Etwas sehr Schönes und höchst Sinnvolles.

Lernen Sie dann, guten von schlechtem Treibstoff zu unterscheiden, und leisten Sie sich einige Fahrstunden, wenn Sie das Gefühl haben, noch nicht zu wissen, wohin die Reise geht. Gute Lehrer gibt es tatsächlich, auch wenn die schlechten viel attraktiver und lauter scheinen! Und wenn an Ihrem Vehikel was nicht stimmt, überblicken Sie das *Ganze*. Lassen Sie sich nicht zu Geringerem verführen, sondern gehen Sie bis auf den Grund, zu den Ursachen, hinab.

Eine kleine Parabel vom Automobil (Folge 6)

Jeder Autofahrer weiß, was er von einer Werkstatt zu halten hat, die die Roststelle an seinem treuen Gefährt mit Lack übersprüht – ohne Schleifen und Grundieren. Und vor allem: ohne zu prüfen, ob der Rost ***von innen*** *kommt.*

Ein anderer Autofahrer, dessen Windschutzscheibe so verschmutzt ist, dass er nichts mehr sieht, hält am Straßenrand und ist verzweifelt. Dann rafft er sich auf, lässt sein Gefährt in die Werkstatt schleppen und will die Windschutzscheibe auswechseln lassen. Er hat nämlich noch nie davon gehört, dass man sie auch reinigen kann. Merkwürdig, dass wir oftmals mit genau dieser Behandlung zufrieden sind, wenn wir unseren Körper einem Arzt ausliefern.
(Fortsetzung folgt)

Wenn Sie ein dickes Knie haben, entziehen Sie nicht einfach mechanisch oder mit chemischen Keulen das Wasser, nur um später unter den Nebenwirkungen zu leiden oder immer wieder das Gleiche erleben zu müssen. Überlegen Sie in Ruhe, was die Ursache dafür sein könnte. Das Wasserdepot hat der Körper angelegt, um nicht von Ihnen vergiftet zu werden (siehe Seite 180ff.)! Wir bräuchten nur für genug Wasser in der »Waschanlage« (Leber, Nieren, Blase usw.) zu sorgen. Forschen Sie nach Ursachen, und wählen Sie erst dann die Therapie. Und jeden Tag ein paar Minuten Mondgymnastik…

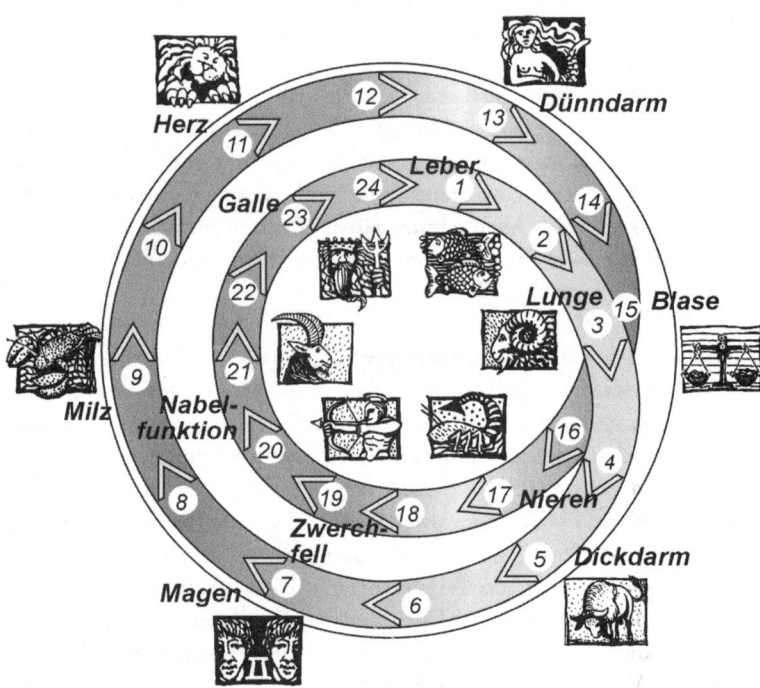

6. Die Zwölf Kleinen Energiespiralen im Tageslauf

Für viele Leserinnen und Leser, die schon lange mit uns »reisen« und unsere Arbeit gut kennen, wird die letzte Spalte von Tabelle 3 eine Überraschung bringen – und vielleicht auf den ersten Blick ein wenig Verwirrung stiften. Sie erkennen alle Tierkreiszeichen, zugeordnet zu Fingern, Uhrzeiten, Gemütszuständen und Organen – aber *nicht alle* zu jenen Organen und Körperregionen, wie Sie es bisher gewöhnt waren.

Hier ist die Erklärung, in kurzen Merksätzen:

Jedes Tierkreiszeichen, das der Mond im Verlauf seiner 28-tägigen Wanderung durch den Tierkreis durchquert, berührt und beeinflusst bestimmte Organe und Körperregionen – die Mittlere Energiespirale von Widder bis Fische, von der Kopfregion bis zu den Füßen.

In ähnlicher Weise steht jedes Tierkreiszeichen im Tagesverlauf in Wechselwirkung mit zwölf zweistündigen Kleinen Energiespiralen, beginnend mit Widder und Lungen um drei Uhr früh.

Die Energiespiralen könnte man so zusammenfassen: Die Große Energiespirale entspricht der Sonnenwanderung durch den Tierkreis im Laufe eines Jahres, mit Beginn im März; die Zwölf Mittleren Energiespiralen entsprechen dem Mondlauf innerhalb eines Mondmonats (28 Tage) durch den Tierkreis; die Zwölf Kleinen Energiespiralen entsprechen der Wanderung der Stunden des Tages durch den Tierkreis, beginnend um drei Uhr früh.

Wie Sie wissen, entwickelt sich ein Baby im Mutterleib innerhalb von etwa zehn Mondmonaten à 28 Tagen. Dabei erhält immer die jeweils vom Mond gerade regierte Körperregion des Embryos einen Entwicklungsschub – bei Mond im Widder die Kopfpartie, bei Mond im Stier der Halsbereich und so fort, bis der Mond in Fische den Füßen einen »Schubs« gibt. Wenn Sie unsere früheren Bücher noch nicht kennen, dann empfehlen wir die Lektüre unseres Buches *Aus eigener Kraft*, das diesen wunderbaren Kreislauf genau beschreibt.

Hier möchten wir zumindest beginnen, Sie mit einer weiteren Säule des Mondwissens vertraut zu machen: nämlich mit der einfachen Tatsache, dass nicht nur der Mondstand im Tierkreis Einflüsse auf alles Leben anzeigt, sondern auch gleichsam die Uhrzeit im Tierkreis. Die Zuordnung verhält sich, wie in Tabelle 4 auf Seite 164 ff. angegeben und wie im Folgenden geschildert.

Die »Kleinen Energiespiralen« müssen Sie sich dabei wie einzelne Abschnitte einer Energieautobahn im Körper vorstellen, auf denen innerhalb der »zuständigen« Sektoren die Energie zwei Stunden in eine bestimmte Richtung und durch bestimmte Stationen fließt.

Empfinden Sie beispielsweise an irgendeinem Punkt entlang dieser zwölf Bahnabschnitte Unbehagen oder Schmerzen, dann ist eine der Durchgangsstationen überversorgt, die andere unterversorgt – gleichsam eine Abschnürung im Fluss der Energie, die vor dem Engpass einen Stau, danach ein Vakuum zur Folge hat. Schmerzen sind energetisch gesehen nichts anderes als blockierte Energie entlang von Energiekreisläufen im Körper.

Vielleicht fällt es Ihnen noch leichter, sich diese Energiespiralen vorzustellen, wenn Sie an ein kleines Wartungsfahrzeug denken, das auf merkwürdigen, festgelegten Zickzack-Verkehrswegen den Körper durchfährt, immer Ausschau haltend nach Stellen und Regionen, wo es etwas zu versorgen und zu reparieren gibt.

Wichtig: Wenn bei der folgenden Darstellung der Energiewege von einer Körperseite die Rede ist (etwa rechte Augenbraue oder rechter Unterarm), dann durchwandert die Energie die jeweils andere Seite (linke Augenbraue, linker Unterarm) innerhalb der zwei Stunden der jeweiligen Energiespirale ebenfalls, aber etwas zeitversetzt.
Wird ein Körperteil durchwandert, der links und rechts vorhanden ist (beispielsweise Arme, Beine, Zehen, Ohren), ohne dass speziell eine Seite erwähnt wird, dann durchströmt die Energie beide Seiten gleichzeitig.

Mit der Beschreibung der *Körper-Seele-Brücken* bei jeder der zwölf Energiespiralen möchten wir Ihnen vermitteln, welche seelischen Problemkreise und Gedankenfolgen die Körperregionen der jeweiligen Energiespirale am stärksten belasten und zu körperlichen Störungen führen können.

Das gilt ebenso umgekehrt: Chronische Schmerzen in bestimmten Organen und Beeinträchtigungen der Körperfunktionen können relativ genau bestimmbare Auswirkungen auf die Seele haben. So hat beispielsweise eine Lungenkrankheit fast immer eine traurige, resignierte Grundstimmung zur Folge, weil die Lungen-Energiespirale eben mit dem Gemütszustand Trauer verflochten ist.

Diese Wechselwirkungen zwischen Körper, Seele und Zeitpunkt können Sie in vielfältigster Weise nutzen. Wir wollen hier nur andeuten, welche Möglichkeiten es gibt, und ihre ganze Fülle Ihrem Erfindungsgeist überlassen – bis wir in einem nächsten Buch genauer darauf eingehen werden.

Widder-Energiespirale

Uhrzeit:	*3 bis 5 Uhr Normalzeit*
Organ:	*Lunge*
Fingersystem:	*Ringfinger*
Gemütszustand:	*Trauer*

Der Zeitpunkt »drei Uhr morgens« bildet mit dem Tierkreiszeichen Widder den Anfang – gleichsam der Beginn des Lebens: mit der Lunge, mit dem ersten Ausatmen und Einatmen. Nicht von ungefähr kommen sehr viele Babys »bevorzugt« in diesen beiden Stunden zur Welt, in der Hochphase der Lunge, und atmen zum ersten Mal aus. In Entsprechung hierzu erfährt also ein Baby im Mutterleib auch einen Wachstumsschub für die Lungen zwischen drei und fünf Uhr früh und einen Energieschub für die *Widder-Energiespirale*.

Startpunkt Lungen ✻ Magen ✻ Dickdarm ✻ Zwerchfell ✻ Luftröhre ✻ Schulterblatt ✻ Oberarm ✻ Unterarm ✻ Ellbogen ✻ Daumennagel ✻ Daumen ✻ Endpunkt Zeigefinger.

Jede Widder-Gymnastik oder Fingerarbeit am Ringfinger kräftigt und belebt alle Organe und Körperzonen entlang dieser Energiebahn. Steht gleichzeitig der Mond im Tierkreiszeichen Widder, so verstärkt sich die Wirkung einer Fingerarbeit für die Widder-Energiespirale.

Körper-Seele-Brücken: Gedankenkreisläufe wie »Ich habe die Nase voll«, »Ich bekomm' hier keine Luft mehr« oder vor allem Gedanken der Trauer und des Nichtloslassens beeinflussen besonders stark die Lungen und das Blutsystem. Von ihnen geht im wahrsten Sinne des Wortes eine erstickende, die »Kehle zuschnürende« Wirkung aus. Wie auch ein trauriger Anlass im Alltag alle Körperzonen und Organe in dieser Spirale belasten und angreifen kann.

Wie Sie schon erfahren haben, lässt sich eine traurige Grundstimmung gut mit Fingerarbeit am Ringfinger beheben. Andersherum können körperliche Störungen innerhalb der Kleinen Widder-Energiespirale eine traurige Seelenverfassung auslösen.

Das Gegenmittel besteht in der klaren Einsicht, dass alle Dinge im Fluss sind, dass das einzig Verlässliche die Vergänglichkeit ist, dass man sich vertrauensvoll dem Wandel hingeben kann – mit dem freien Willen als wichtigstem Gepäckstück. Veränderung, Entwicklung und Reifung ist unsere Natur und nicht verharren, festhalten und einwurzeln.

Werfen Sie noch einmal einen Blick auf die Widder-Lunge-Energiespirale. An dieser Wechselwirkung können Sie erkennen, warum Erkältungen, Schnupfen, besonders chronischer Schnupfen, oft an Widder vorkommen oder ihren Anfang nehmen. Oder warum viele Menschen an Widder morgens zwischen drei und fünf Uhr früh von heftigen Hustenanfällen geplagt werden.

Sie erkennen aber auch, warum die Widder-Mondgymnastik besonders wirksam bei Problemen und Störungen in unserem Atemsystem ist. Nach und nach werden Sie immer vertrauter mit dem System der Energiespiralen und können dann für sich persönlich Schlüsse ziehen, die zwangsläufig zum Erfolg führen.

Stier-Energiespirale

Uhrzeit:	*5 bis 7 Uhr Normalzeit*
Organ:	*Dickdarm*
Fingersystem:	*Ringfinger*
Gemütszustand:	*Trauer*

Die Stier-Übungen der Mondgymnastik beleben alle Stationen auf der *Stier-Energiespirale*, die um fünf Uhr früh einsetzt:

Startpunkt Zeigefinger ⚞ Arm ⚞ Schulter ⚞ oberer Rücken ⚞ rechte Halsseite ⚞ rechte Brustseite ⚞ Zwerchfell ⚞ Nabelgegend ⚞ rechter Kiefer ⚞ rechte Gesichtshälfte ⚞ Nase ⚞ Oberlippe ⚞ Endpunkt linker Wangenknochen.
Innerhalb der zwei Stunden von fünf bis sieben Uhr wechselt der Dickdarm-Energiefluss auf die linke Körperseite und endet beim linken Wangenknochen.

Jede Stier-Gymnastik oder Fingerarbeit am Ringfinger kräftigt und belebt alle Organe und Körperzonen entlang dieser Energiebahn. Der Effekt einer Fingerarbeit für die Stier-Energiespirale verstärkt sich noch, wenn gleichzeitig der Mond im Tierkreiszeichen Stier steht.

Nachdem auch die Stier-Energiespirale mit dem Ringfinger und Trauer in Verbindung steht, lassen sich Trauergefühle positiv mit Fingerarbeit am Ringfinger beeinflussen. In umgekehrter Weise können körperliche Störungen innerhalb der Kleinen Stier-Energiespirale traurige Gefühle auslösen.

Körper-Seele-Brücken: Sie kennen die Einladung, die Ihre Gedankenwelt an Hals- und Mandelentzündungen ausspricht? Sie lautet etwa so: »Ich hätte viel zu sagen – Trauriges, Schönes, Zorniges –, aber ich trau' mich nicht. Ich fürchte mich davor auszudrücken, was mir auf der Zunge liegt. Und es *hinunterzuschlucken* im guten Sinne gelingt mir auch nicht.«

Bewusste oder unbewusste Gedanken solcher Art bringen über die Stier-Energiespirale den Dickdarm aus dem Gleichgewicht. Er kann sie nicht »verdauen«. Während die Nase (Widder) eng mit der Lunge (Widder-Energiespirale im Tageslauf) verbunden ist, ist es bei der Speiseröhre (Stier) der Dickdarm (Stier-Energiespirale im Tageslauf). Vielleicht merken Sie sich einfach: Die Verdauung beginnt im Mund und endet im Dickdarm.

Generell schadet alles, was Sie nicht verdauen können, dem Dickdarm, ob materiell oder seelisch. Den größten seelischen Einfluss haben hier wieder Trauergefühle, das Nicht-loslassen-Können.

Wenn Sie Probleme haben, sich allgemein verständlich auszudrücken, dann sollten Sie sich einfach immer vor Augen halten, dass Sie es keinem Menschen jemals *endgültig* recht machen können, geschweige denn vielen Menschen. Handeln Sie stattdessen so, dass Sie mit sich selbst zufrieden sind. Rechenschaft sind Sie nur einem schuldig: nämlich unserem wahren CHEF. Und der ist unglaublich nachsichtiger als fast jeder, der auf Erden wandelt. Sie haben das Recht, nicht alles zu schlucken, was Ihnen vorgesetzt wird. Es steht Ihnen zu, sich Gehör zu verschaffen für Ihre eigenen Belange.

Und vergessen Sie nicht die regelmäßige Stier-Mondgymnastik. Sie stärkt dort, wo Sie es am meisten brauchen.

Zwillinge-Energiespirale

Uhrzeit:	*7 bis 9 Uhr Normalzeit*
Organ:	*Magen*
Fingersystem:	*Daumen*
Gemütszustand:	*Sorgen*

Die Zwillinge-Übungen der Mondgymnastik beleben die *Zwillinge-Energiespirale*, die um sieben Uhr früh einsetzt.

Startpunkt linker Wangenknochen ⚹⚹ Augenbrauenmitte ⚹⚹ unterhalb des linken Auges ⚹⚹ linker Kieferknochen ⚹⚹ linke Augenbraue ⚹⚹ linkes Ohr ⚹⚹ linkes Schulterblatt ⚹⚹ Magen ⚹⚹ Nabel ⚹⚹ rechter Oberschenkel innen ⚹⚹ Knie außen ⚹⚹ Gallenblase ⚹⚹ rechte Niere ⚹⚹ 12. Brustwirbel ⚹⚹ Milz ⚹⚹ linke Niere ⚹⚹ Außenseite rechtes Bein ⚹⚹ mittlerer Zeh ⚹⚹ Endpunkt großer Zeh.

Innerhalb der zwei Stunden von sieben bis neun Uhr wechselt der Magen-Energiefluss von der linken auf die rechte Körperseite und endet beim großen Zeh beider Füße.

Jede Zwillinge-Gymnastik oder Fingerarbeit am Daumen kräftigt und harmonisiert alle Organe und Körperzonen entlang dieser Energiebahn, am intensivsten natürlich in der Zeit von sieben bis neun Uhr früh. Der Effekt einer Fingerarbeit für die Zwillinge-Energiespirale verstärkt sich noch, wenn gleichzeitig der Mond gerade das Tierkreiszeichen Zwillinge durchwandert.

Eine sorgenvolle Grundstimmung lässt sich mit Fingerarbeit am Daumen abstellen. Körperliche Störungen innerhalb der Kleinen Zwillinge-Energiespirale vermögen eine bekümmerte Gemütslage auszulösen. Wie auch ein Sorgen bringendes Ereignis im Alltag die Körperzonen und Organe in dieser Spirale belasten und angreifen kann.

Körper-Seele-Brücken: Schwere Schultern, schwerer Magen und drückende Sorgen sind Brüder, wie Ihnen die Zwillinge-Energiespirale zeigen kann. »Ich schinde mich ab, und trotzdem mag mich keiner. Das Leben schmeckt wirklich bitter« – solche Gedanken sind die erfolgreichste Einladung für Rheuma. Denn was dem Magen zu viel wird, das »schenkt« er dem Blut. Und ein belastetes, übersäuertes Blut ist Auslöser Nummer eins für rheumatische Beschwerden.

Wenn solche Gedankenketten Sie heimsuchen, dann sollten Sie allmählich daran denken, das allzu schwere »Päckchen« auf Ihren Schultern dem zu überreichen, für den es bestimmt ist.

Der morgendliche Start sollte immer von guten Gedanken begleitet werden. Nichts schadet dem Magen mehr, als ein Morgenmuffel zu sein.

Vielleicht überrascht Sie jetzt nicht mehr, dass man Morgenmuffeln gerade an Zwillinge-Tagen besonders häufig begegnet.

Sie sollten nicht alles so schwer nehmen. »Jeder hat sein Päckchen zu tragen!«, sagen viele. Das stimmt auch, weil wir ohne solche Lasten Heilige wären. Aber wir haben immer die Wahl, ob wir unsere seelischen Schultern mit allzu schweren Päckchen überlasten oder nicht. Entscheiden Sie sich, dass für Sie das Glas ab heute immer halb voll ist.

Krebs-Energiespirale

Uhrzeit:	*9 bis 11 Uhr Normalzeit*
Organ:	*Milz*
Fingersystem:	*Daumen*
Gemütszustand:	*Sorgen*

Die Krebs-Übungen der Mondgymnastik beleben die *Krebs-Energiespirale*, die um neun Uhr früh einsetzt.

Startpunkt großer Zeh ◄ inneres Fußgelenk ◄ Ferse ◄ Innenbein ◄ Rückseite der Knie ◄ Leistenbeuge ◄ Bauch ◄ Rippen ◄ Kehle ◄ Zunge ◄ Magen ◄ Endpunkt Herz

Jede Krebs-Gymnastik oder Fingerarbeit am Daumen kräftigt und harmonisiert alle Organe und Körperzonen entlang dieser Energiebahn, besonders in der Zeit von neun bis elf Uhr. Der Effekt einer Fingerarbeit für die Krebs-Energiespirale verstärkt sich, wenn gleichzeitig der Mond im Tierkreiszeichen Krebs steht.

Ein Beispiel für die Anwendung dieser Information: Das Signal »Schmerzen in den Kniekehlen« könnte auf eine Überlastung der Milz hindeuten, die für die Produktion der weißen Blutkörperchen zuständig ist. Am besten wäre es, sofort etwas fürs Immunsystem zu tun.

Gerade an Krebs-Tagen macht man sich nicht selten zu viele Sorgen. Praktizieren Sie einfach häufiger die Fingerarbeit am Daumen, und alles wird leichter werden.

Körper-Seele-Brücken: Die Krebs-Energiespirale und die Organe in ihrem Verlauf geraten unter starken Druck durch unausgesprochene Ängste und Probleme, falsche Zurückhaltung und allzu übertriebene Sorgen um *andere* Menschen. Auch wer es jedem recht machen möchte, wer wie ein »Krebs eine Schale« trägt, um niemandem zur Last zu fallen, wer ständig »gute Miene zum bösen Spiel« macht, der belastet seinen Körper und besonders über die Milz sein Immunsystem.

Das Gegenmittel besteht darin zu lernen, sich freizuschwimmen und zuzugestehen, dass auch andere Menschen Verantwortung tragen können.

Der Schwerpunkt »Sorgen« in diesem Kreislauf hat eine besondere Anwendungsmöglichkeit: Vielleicht ist Ihnen schon aufgefallen, dass manche chronisch sorgenvollen Menschen einen stark nach oben gekrümmten Daumen haben. Tägliche Fingerarbeit am Daumen zwischen neun und elf Uhr vormittags würde im Lauf der Zeit den Daumen »geradebiegen«.

Löwe-Energiespirale

Uhrzeit:	*11 bis 13 Uhr Normalzeit*
Organ:	*Herz*
Fingersystem:	*Kleiner Finger*
Gemütszustand:	*Verstellung*

Die Löwe-Übungen der Mondgymnastik beleben die *Löwe-Energiespirale*, die um elf Uhr vormittags übernimmt.

Startpunkt Herz 🐾 *Brustraum* 🐾 *Unterarmbereich* 🐾 *alle Brustwirbel* 🐾 *Nieren* 🐾 *Zwerchfell* 🐾 *Bauchnabel* 🐾 *Dünndarm* 🐾 *Kehle* 🐾 *Augen* 🐾 *Großhirn* 🐾 *beide Lungenflügel* 🐾 *Luftröhre* 🐾 *Arme* 🐾 *Endpunkt kleiner Finger*

Jede Löwe-Gymnastik oder Fingerarbeit am kleinen Finger kräftigt und harmonisiert alle Organe und Körperzonen entlang dieser Energiebahn, besonders in der Zeit von 11 bis 13 Uhr. Der Effekt einer Fingerarbeit für die Löwe-Energiespirale verstärkt sich, wenn gleichzeitig der Mond im Tierkreiszeichen Löwe steht.

Körper-Seele-Brücken: Die Herzregion birgt die Kraft der Liebe. Bringen wir dieses wichtigste Element unseres Lebens nicht zur Entfaltung, aus welchen Gründen auch immer, so schnüren wir das Herz ab. Gedankenketten wie die folgenden versetzen das Herz auch körperlich unter Druck und mit ihm alle Organe und Regionen entlang der Löwe-Energiespirale: »Es bricht mir schon lange das Herz.« – »Ich kann mich über nichts mehr freuen.« – »Das Leben ist ein einziger Stress!« – »Geld regiert die Welt.« – »Was zählt schon Freundschaft?« – »Die Liebe und Anerkennung zu gewinnen, die ich brauche, wird mir sowieso nicht gelingen. Aber ich werde nie aufhören, es zu versuchen!«

Wir haben uns einreden lassen, Liebe sei ein sentimentales Gefühl. Das stimmt nicht, denn das Wesen von Gefühlen ist ihr ständiger Wandel, sie sind nur Begleiterscheinungen anderer Dinge, von Gedanken und Wahrnehmungen. Man kann nicht auf etwas bauen, was sich wie Treibsand ständig ändert.

Liebe ist das, was uns am Leben erhält, was beseelt und heilt und immer da ist – für Sie und für alle. Aber nur, wenn sie vorbehaltlos gegeben wird, ohne Hintergedanken und Erwartungen. Je mehr man davon gibt, desto mehr ist da. Ebenso wichtig ist, sie annehmen zu können, wenn man ihr begegnet.

Jungfrau-Energiespirale

Uhrzeit:	*13 bis 15 Uhr Normalzeit*
Organ:	*Dünndarm*
Fingersystem:	*Kleiner Finger*
Gemütszustand:	*Verstellung*

Die Jungfrau-Übungen der Mondgymnastik beleben die *Jungfrau-Energiespirale*, die um 13 Uhr übernimmt:

Startpunkt kleiner Finger ❧ Ellbogen ❧ Schulter ❧ rechte Halsseite ❧ rechte Schulter ❧ Brust ❧ Herz ❧ Magen ❧ rechte Wangenknochen ❧ rechtes Auge ❧ rechtes Ohr ❧ oberhalb der linken Augenbraue ❧ Endpunkt Stirn
Innerhalb der zwei Stunden von 13 bis 15 Uhr wechselt der Dünndarm-Energiefluss auf die linke Körperseite und endet bei der Stirn.

Jede Jungfrau-Gymnastik oder Fingerarbeit am kleinen Finger kräftigt und harmonisiert alle Organe und Körperzonen entlang dieser Energiebahn, besonders in der Zeit von 13 bis 15 Uhr. Der Effekt einer Fingerarbeit für die Jungfrau-Energiespirale verstärkt sich, wenn gleichzeitig der Mond im Tierkreiszeichen Jungfrau steht.

Jungfrau-Tage im Mondzyklus sind gute Bluttage, beispielsweise für Eigenbluttherapie, für das Einnehmen roter Säfte zur Blutbildung usw. Hier schließt sich der Kreis zum Dünndarm, der das Ergebnis seiner Arbeit dem Blut übergibt.

Ein Beispiel noch an dieser Stelle für den Umgang mit den Energiespiralen: Angenommen, Sie spüren regelmäßig zwischen 13 und 15 Uhr (oder über längere Zeit) an einem Gelenk Ihres kleinen Fingers leichte Schmerzen, dann könnte das ein Zeichen für einen belasteten oder mangelhaft funktionierenden Dünndarm sein. Eine Fingerarbeit über mehrere Tage könnte in diesem Fall »Erste Hilfe« leisten. »Zweite Hilfe« muss allerdings die Beseitigung der Ursache sein – ob seelischer oder beispielsweise ernährungsbedingter Natur.

Körper-Seele-Brücken: Nichts haben wir so perfekt gelernt wie uns zu verstellen. Die gravierendsten Auswirkungen hat diese Fähigkeit, wenn wir auch zu uns selbst nicht ehrlich sind. Wie kann man denn wirklich glücklich werden? Selbst wenn wir uns glücklich fühlen, trauen wir dem Frieden nicht, weil wir uns auf uns selbst verlassen können. Es ist eine schlimme Volkskrankheit, die fast unbemerkt bleibt und die sich in der Verdauungstätigkeit unseres Körpers in negativster Weise auswirkt, aber auch an allen Stationen der Jungfrau-Energiespirale.

Verstellung, Selbstbetrug und Gedankenfolgen wie »Ich kann das alles

153

nicht verdauen«, »Ich hänge so an der Vergangenheit«, »Veränderung/Bewegung macht mir Angst«, »Nur schlank macht glücklich« üben starken Druck auf den Dünndarm und die Jungfrau-Energiespirale aus.

Vergangenes muss richtig verdaut werden. Es gibt kein größeres Abenteuer, als der Wirklichkeit vorbehaltlos, ohne Zorn, Bedauern und Selbstkritik ins Gesicht zu schauen. Man hat dabei nichts zu verlieren, jedoch alles zu gewinnen! Sagen Sie Ja zu Veränderungen. Veränderung ist Bewegung. Bewegung bringt Energie ins Fließen. Fließende Energie löst Blockaden in Körper, Kopf und Herz. Gelöste Blockaden setzen Freude und Kraft frei. Freigesetzte Freude hilft beim Gesundbleiben und Gesundwerden – überall in Körper, Geist und Seele. Erstarrung ist das Prinzip des Sterbens, Bewegung das Prinzip des Lebens.

Waage-Energiespirale

Uhrzeit:	*15 bis 17 Uhr Normalzeit*
Organ:	*Blase*
Fingersystem:	*Zeigefinger*
Gemütszustand:	*Angst*

Die Waage-Übungen der Mondgymnastik beleben die *Waage-Energiespirale*, die um 15 Uhr beginnt.

Startpunkt Stirn ↻ Kopf ↻ Ohrmuschel ↻ Gehirn ↻ Wirbelsäule ↻ Steißbein ↻ Blase ↻ Nieren ↻ Beckenknochen ↻ Rückseite der Knie ↻ Rückseite der Schultern ↻ Wirbelsäule ↻ Lendenbereich ↻ Außenseite des Beins ↻ Endpunkt kleiner Zeh

Jede Waage-Gymnastik oder Fingerarbeit am Zeigefinger kräftigt und harmonisiert alle Organe und Körperzonen entlang dieser Energiebahn, besonders in der Zeit von 15 bis 17 Uhr. Der Effekt einer Fingerarbeit für die Waage-Energiespirale verstärkt sich, wenn gleichzeitig der Mond im Tierkreiszeichen Waage steht.

Damit die Blase optimal funktionieren kann, ist es auf Dauer unumgänglich, mindestens zwei Liter Wasser täglich zu trinken. Natürlich können wir viele Jahre oder gar Jahrzehnte gegen diese Regel verstoßen, aber irgendwann holt uns die Wirklichkeit ein – nämlich indem sie uns klar macht, dass es unmöglich ist, gesund zu bleiben, ohne viel Wasser zu trinken. Warten Sie also nicht so lange. Beginnen Sie am besten mit gezielter Mondgymnastik an Waage-Tagen, und trinken Sie zumindest nachmittags in reichlicher Menge.

Körper-Seele-Brücken: »Meine Überzeugungen lass ich mir nicht nehmen. Wer sagt mir denn, dass ich mit neuen Ideen besser fahre? Wer garantiert mir das? – Ich bin stocksauer über all diesen neumodischen Kram.« Gedanken dieser Art, »gepflegt und gehegt«, versetzen die Waage-Energiespirale unter Druck und mit ihr besonders die Blasenfunktion. Auch die Nieren sind davon stark betroffen.

Das Umgekehrte kann ebenfalls wirken: Menschen, die unter Nierenfunktionsstörungen leiden, werden im Lauf der Zeit immer verbissener und beharren auf Überzeugungen, die längst für jedermann sichtbar überholt sind.

Sie sollten darüber meditieren, dass keine Versicherung, keine Garantieerklärung, kein Versprechen, keine Bürgschaft Sie jemals vor der Wahrheit schützt: Nämlich dass das, was gestern gültig war und sich bewährt hatte, heute nutzlos und nichtig sein kann – und dies oftmals auch ist.

Wie lange so ein Mensch braucht, um sich mit dem Auf und Ab des Lebens anzufreunden, ob es überhaupt gelingt, darauf nimmt der Wandel keine Rücksicht – glücklicherweise. Denn sonst gäbe es keine Geburt und keinen Tod, beides befreiende und belebende Geschehnisse. Selbstverständlich ist zu einer solchen Einsicht zuvor ein gewisses Maß an echtem Glauben nötig. Dieses Maß ist genau genommen *immer* nötig. Sonst gäbe es absolut nichts auf der Welt, was irgendeinen Sinn ergibt, der von Dauer ist.

Skorpion-Energiespirale

Uhrzeit:	*17 bis 19 Uhr Normalzeit*
Organ:	*Nieren*
Fingersystem:	*Zeigefinger*
Gemütszustand:	*Angst*

Die Skorpion-Übungen der Mondgymnastik beleben die *Skorpion-Energiespirale*, die um 17 Uhr beginnt.

Startpunkt kleiner Zeh ↠ Fußsohle ↠ Ferse ↠ Innenseite des Beins ↠ Leistenbeuge ↠ Steißbein ↠ Unterleibsorgane ↠ Bauch ↠ Nabel ↠ Nieren ↠ Rippen ↠ Leber ↠ Magenpförtner ↠ Lungen ↠ Kehle ↠ Zunge ↠ Nase ↠ Stirn ↠ Hinterkopf ↠ Wirbelsäule ↠ Herz ↠ Endpunkt Zwerchfell

Jede Skorpion-Gymnastik oder Fingerarbeit am Zeigefinger kräftigt und harmonisiert alle Organe und Körperzonen entlang dieser Energiebahn, besonders in der Zeit von 17 bis 19 Uhr. Der Effekt einer Fingerarbeit für die Skorpion-Energiespirale verstärkt sich, wenn gleichzeitig der Mond im Tierkreiszeichen Skorpion steht.

Ähnlich wie bei der Blase sind auch die Nieren niemals fähig, optimal zu arbeiten, wenn wir zu wenig trinken. Zwar können wir uns jahrelang »über Wasser« halten, aber die Ernüchterung kommt gewiss. Es gibt einen guten Grund, warum wir im Alter oftmals in des Wortes wahrster Bedeutung einschrumpeln. Dabei wäre eine einfache und mühelose Abhilfe vorhanden...

Kreuzschmerzen zwischen 17 und 19 Uhr sollten Sie niemals unterschätzen oder ignorieren. Fast immer handelt es sich dabei um Ausstrahlungen der Niere, die damit eine Überlastung zu erkennen gibt. Mit irgendeinem Gift wird sie nicht fertig (meist Weißmehl). In der Zeit von 19 bis 21 Uhr dagegen arbeiten die Nieren auf Sparflamme. Auch deshalb ist ein schweres Essen (auch Salate gehören dazu!) in dieser Zeit so belastend für den Körper. Was Leber und Nieren in dieser Zeit nicht mehr schaffen zu entgiften, bekommen wir in den Morgenstunden als so genannte »Kreuzschmerzen« zu spüren. Ähnlich wie die Nieren arbeitet auch die Leber, ohne zu klagen. Leber- und Nierenschmerzen sind sehr selten, und wenn, dann kündigen sich ernstere Dinge an. Diese Robustheit der wichtigsten Verdauungs- und Entgiftungsorgane ist auch nötig bei all dem Müll, den uns Nahrungsmittelindustrie und Billigkantinen auftischen. In gewisser Weise ist es sogar ein Nachteil, denn würden Leber und Nieren jedes Mal Alarm schlagen und ihre Schwerstarbeit durch Schmerzen kundtun, wenn Sie Stopfblähfüllmittel statt Lebensmittel bekommen, so hätten wir uns niemals von wirklich biologischen und menschengerechten Nahrungsmitteln fortbewegt.

Ja, wir wären sogar niemals auf die Idee gekommen, tierisches Eiweiß in Form von Fleisch, Eiern und Milchprodukten in unseren Speisezettel aufzunehmen. Das glauben Sie nicht? Ernähren Sie sich einmal nur eine oder zwei Wochen lang von guten, biologischen Dingen ohne tierisches Eiweiß. Die Erfahrung wird Ihnen den Weg weisen.

Die vielen Stationen der Skorpion-Energiespirale lassen Sie schon erkennen, was alles schief gehen kann, wenn die Nieren ihr Werk wegen Flüssigkeitsmangel nicht gut verrichten können und die Belastung an andere Stationen der Spirale weiterreichen müssen.

Bedenken Sie: Pro Minute fließt ein ganzer Liter Blut durch die Nieren, pro Tag also etwa 1400 Liter! Unterstützen wir also die Arbeit dieses Organs durch viel, viel Wassertrinken, in jedem Alter (siehe Seite 195 ff.).

Körper-Seele-Brücken: »Das geht mir an die Nieren!« – »Ich bin sooo enttäuscht.« – »Ich habe mir so viel vorgenommen, aber jetzt habe ich versagt.« – »Was werden die Leute sagen? Ich schäme mich so.« – Solche Gedanken kühlen die Nieren ab und belasten sie stark. Das Gegenmittel ist Herzenswärme. Und vielleicht die Erkenntnis, dass Misserfolge eigentlich das Salz des Lebens sind. Erfolge sind die Bestätigung einer Fähigkeit, Fehler dagegen eine willkommene Chance zu erkennen, woran es mangelt, daraus zu lernen und sich zu entwickeln: »Aha, so geht es also nicht. Probieren wir etwas anderes.«

Schütze-Energiespirale

Uhrzeit: *19 bis 21 Uhr Normalzeit*
Organ: *Zwerchfell*
Fingersystem: *Handmitte innen*
Gemütszustand: *Verzweiflung*

Die Schütze-Übungen der Mondgymnastik beleben die *Schütze-Energiespirale*, die um 19 Uhr von Skorpion übernimmt.

Startpunkt Zwerchfell ↭ Herz ↭ Magen ↭ unterhalb des Nabels ↭ Dünndarm ↭ Brust ↭ Arm ↭ Ellbogen ↭ Handfläche ↭ Mittelfinger ↭ Ringfinger ↭ Endpunkt Nagelspitze des Ringfingers

Jede Schütze-Gymnastik oder Fingerarbeit am Handmittelpunkt kräftigt und harmonisiert alle Organe und Körperzonen entlang dieser Energiebahn, besonders in der Zeit von 19 bis 21 Uhr. Der Effekt einer Fingerarbeit für die Schütze-Energiespirale verstärkt sich, wenn gleichzeitig der Mond im Tierkreiszeichen Schütze steht.

Körper-Seele-Brücken: Bis zum Abend, bis zur Zeit zwischen 19 und 21 Uhr, sollten wir unsere »Sinne beisammen« haben. Diese beiden Stunden besitzen die Eigenschaft, alle kreisenden Gedanken stärker als sonst Frucht bringen zu lassen, die positiven wie leider auch die negativen. Der Blutkreislauf verbreitet immer alle unsere Gedanken im Körper, zwischen 19 und 21 Uhr jedoch ganz besonders intensiv.

Venenleiden in Ober- und Unterschenkeln sind nicht selten Folge negativer Gedankenkreisläufe, speziell wenn es um die Fähigkeit geht, sich von alten Dingen gedanklich zu trennen. Wer nicht loslassen kann, leidet oftmals unter Verstopfung und belastet damit das Blut und die Venen. Das Gegenmittel wäre der Blick in die Zukunft, auf etwas Neues, Schönes, Erstrebenswertes.

Steinbock-Energiespirale

Uhrzeit:	*21 bis 23 Uhr Normalzeit*
Organ:	*Nabel*
Fingersystem:	*Handmitte innen*
Gemützustand:	*Verzweiflung*

Die Steinbock-Übungen der Mondgymnastik beleben die *Steinbock-Energiespirale*, die um 21 Uhr von Schütze übernimmt.

Startpunkt Spitze des Ringfingers ↗ Rückseite des Handgelenks ↗ Ellbogen ↗ Schulter ↗ Mittelpunkt zwischen den Brüsten ↗ Herz ↗ Bauchspeicheldrüse ↗ Magen ↗ Gallenblase ↗ Nackenmuskel ↗ Ohren ↗ quer durch den Kopf ↗ Augenbraue innen ↗ Augenbraue außen ↗ Hinterkopf ↗ Endpunkt Augenlider unten

Jede Steinbock-Gymnastik oder Fingerarbeit an der Handmitte innen kräftigt und harmonisiert alle Organe und Körperzonen entlang dieser Energiebahn, besonders in der Zeitspanne von 21 bis 23 Uhr. Der Effekt einer Fingerarbeit für die Steinbock-Energiespirale verstärkt sich, wenn gleichzeitig der Mond das Tierkreiszeichen Steinbock durchwandert.

Körper-Seele-Brücken: »Nichts macht mir mehr Freude!« – dieser Gedanke vergiftet im wahrsten Sinne des Wortes das Blut. Wir sollten hinzufügen: »Wenn es nicht nach meinem Kopf geht.« Denn das ist meist der Fall, wenn Freude ausbleibt. Verzweiflung empfindet jeder Mensch anders und unter anderen Voraussetzungen, aber ausnahmslos ist es eine nur *scheinbar* ausweglose Situation, die sie verursacht!

Wir vergessen nur allzu leicht, dass »Dein Wille geschehe«. Ganze Tage, ja ganze Wochen verbringen wir damit, alles nach unserem Willen und unserer Vorstellung zu gestalten. Bis wir wieder einmal, zum x-ten Mal, gegen eine Wand prallen.

Würden wir einerseits lernen hinzunehmen, was nicht zu ändern ist, andererseits zu tun, was unsere Aufgabe ist, und vor allem lernen, zwischen beidem zu unterscheiden, dann bräuchten wir nicht so viele Lektionen, die das Leben ganz gewiss für uns bereithält.

Nicht ein einziges unschönes Erlebnis, kein einziges unangenehmes Gefühl, das zufällig daherkommt, das ohne Sinn und Bedeutung in unserem Leben wäre. Die geringste Kleinigkeit, die uns »zustößt«, ist gesandt von einem, der uns helfen will, aus der Starre aufzuwachen.

Die »Kopf-durch-die-Wand«-Energie, derer sich viele bedienen, bringt nur scheinbar weiter. Mit unseren echten Gefühlen sind wir dann allein, besonders intensiv fühlbar zwischen 21 und 23 Uhr.

Vielleicht fehlt uns aber nur das Händehalten, die Fingerarbeit mit der Handmitte. So wie zwischen 19 und 21 die Energiesammlung beginnt, so steigert sie sich zwischen 21 und 23 Uhr. Danach sind alle Informationen und Gedanken schon direkt im Blut, und die Leber kann sich zwischen ein und drei Uhr früh intensiv darum kümmern, bis dann ein neuer Kreislauf beginnt.

Wassermann-Energiespirale

Uhrzeit:	*23 Uhr bis 1 Uhr Normalzeit*
Organ:	*Galle*
Fingersystem:	*Mittelfinger*
Gemütszustand:	*Wut, Zorn*

Die Wassermann-Übungen der Mondgymnastik beleben die *Wassermann-Energiespirale*, die um 23 Uhr beginnt.

Startpunkt Augenlid unten ⚹ Wangenknochen ⚹ Ohrrückseite ⚹ Ohrmuschel ⚹ Hinterkopf ⚹ Stirn ⚹ Schulter ⚹ Armgelenk ⚹ Brustraum ⚹ Gallenblase ⚹ Magen ⚹ Nabel ⚹ Leber ⚹ Milz ⚹ Bauchspeicheldrüse ⚹ Becken ⚹ Mastdarm ⚹ Außenseite der Beine ⚹ äußeres Fußgelenk ⚹ quer über die Oberseite des Fußes ⚹ vierter Zeh ⚹ Endpunkt Nagel des großen Zehs

Die meisten inneren Organe regenerieren sich nachts. Deshalb ist ausreichend Nachtschlaf so wichtig. Viele Schichtarbeiter oder Mütter mit kleinen Babys kommen da oftmals zu kurz – mit entsprechenden Folgen. Kein Wunder auch, wenn so manche seelische Verfassung während dieser zwei Stunden in Wut ausartet, weil auch noch der entsprechende Gemütszustand in Bezug zu den Stunden zwischen 23 Uhr und drei Uhr früh steht.

Körper-Seele-Brücken: »Nichts macht mir mehr Freude!« – dieser negative Gedankengang belastet häufig auch die Wassermann-Energiespirale zwischen 23 und ein Uhr. Er wirkt dann direkt auf die Arbeit der Galle, die jetzt im wahrsten Sinne des Wortes »übergehen« kann. Hier (und nicht nur im Alkohol) liegt der Hauptgrund verborgen, warum es gerade in diesen beiden Stunden am häufigsten zu tätlichen Auseinandersetzungen kommt. »Ich ärgere mich bis aufs Blut«, »Ich könnte vor Wut explodieren« – Gedanken dieser Art begleiten oft die auslösende Stimmung.

Probieren Sie es aus, wenn Sie diesen Zusammenhang bei sich kennen, und greifen Sie unauffällig den Mittelfinger für eine beruhigende Fingerarbeit. Das Ergebnis wird für sich selbst sprechen – ganz abgesehen davon, dass Sie sich ja jetzt auch ein wenig Zeit zum Beruhigen genommen haben…

Fische-Energiespirale

Uhrzeit:	*1 Uhr bis 3 Uhr Normalzeit*
Organ:	*Leber*
Fingersystem:	*Mittelfinger*
Gemütszustand:	*Wut, Zorn*

Die Fische-Übungen der Mondgymnastik beleben die *Fische-Energiespirale*, die um ein Uhr früh von Wassermann übernimmt.

Startpunkt Nagel des großen Zehs 🐟 *Innenseite Fußgelenke* 🐟 *Bein* 🐟 *Leistenbeuge* 🐟 *Bauch* 🐟 *Gallenblase* 🐟 *Bauchspeicheldrüse* 🐟

Zwerchfell ⇌ Kehle ⇌ Augenhintergrund ⇌ Hinterkopf ⇌ Speiseröhre ⇌ Magen ⇌ Endpunkt Lunge – und Anfangspunkt einer neuen Tagesspirale. Der 24-Stunden-Kreislauf schließt sich und beginnt von neuem.

Jede Fische-Gymnastik oder Fingerarbeit am Mittelfinger kräftigt und harmonisiert alle Organe und Körperzonen entlang dieser Energiebahn, besonders in der Zeit von ein bis drei Uhr nachts. Der Effekt einer Fingerarbeit für die Fische-Energiespirale verstärkt sich, wenn gleichzeitig der Mond im Tierkreiszeichen Fische steht.

Unsere Leserinnen und Leser werden sich erinnern: Alkohol wie auch Nikotin und sonstige Drogen wirken an Fische-Tagen doppelt intensiv. Um den Körper nicht unnötig zu überlasten, wäre es deshalb an Fische-Tagen besonders wichtig, die Ruhezeit zwischen ein und drei Uhr früh einzuhalten. Wenn ein rauschendes Fest Sie jedoch davon abhält, dann genießen Sie die Zeit in vollen Zügen. Ein schlechtes Gewissen hat hier nichts verloren! Beschäftigen Sie sich dann vor dem Schlafengehen einfach noch mit ein paar Minuten Fingerarbeit am Mittelfinger. Das klingt vielleicht etwas exotisch, ist aber höchst wirksam.

Die Leber hat in der Zeit zwischen ein und drei Uhr »Hochkonjunktur«. Abbau der verbrauchten Blutkörperchen, Verarbeitung der Nahrung, Umwandlung von pflanzlichem und tierischem Eiweiß in körpereigenes Eiweiß, Speicherung von Zucker in den Leberzellen usw. – es ist viel zu tun.

Von der Arbeit des Dünndarms (13 bis 15 Uhr) bis zur Leber-Energiespirale vergehen zwölf Stunden. Vielleicht wird Ihnen nun klarer, warum abends nicht mehr schwer gegessen werden sollte: Das Blutsystem kann sich nicht gut regenerieren. Doppelt empfindlich ist man daher in den Fische-Tagen und eben besonders von ein bis drei Uhr früh.

Körper-Seele-Brücken: Nach unvollständiger Regeneration kommen wir uns oft vor, als sei uns eine »Laus über die Leber gelaufen« – ein sehr bezeichnender Spruch. Wir sind einfach gereizt und überempfindlich.

Das Blut transportiert eben größere Mengen unzureichend gereinigtes Blut, wir werden buchstäblich »sauer«.

Von der Wut heißt es, sie sei der einzige Gemütszustand, dem es gelingt, Körper und Seele voneinander zu trennen und einander zu entfremden. Lassen wir es nicht so weit kommen und beginnen wir stattdessen friedlichen Gemüts den Kreislauf der Energiespiralen von neuem.

Der Zeitpunkt drei Uhr morgens markiert ihr Ende und bildet mit dem Tierkreiszeichen Widder den Anfang, mit der Lunge, mit dem ersten Ausatmen und Einatmen.

Vielleicht wird Ihnen nach dem Studium des Kapitels über die Energiespiralen noch klarer, welche Möglichkeiten Sie mit der einfachen Methode der Fingerarbeit besitzen: Sie können nämlich *jeden* Durchgangspunkt der Energiespirale gezielt kräftigen, anregen und lindern, wenn es nötig ist.

Die nachfolgende Tabelle 4 fasst den Verlauf der Kleinen Energiespiralen noch einmal zusammen.

Viele weitere Rhythmen und Wechselwirkungen gibt es. So ist beispielsweise sogar jede einzelne *Minute* einem Tierkreiszeichen zugeordnet. Diesem Umstand verdanken Sie die segensreiche Wirkung einer besonderen, kleinen Übung: 12 Minuten Sonnenlicht auf die Fußsohlen! Die Fußsohlen sind wohl jene Körperregion, die am allerseltensten direkt das Leben und Kraft spendende Licht der Sonne erblicken. Umso wirksamer ist eine absichtliche Bestrahlung, die im Idealfall 12 Minuten dauert, weil Sie dann die Energien aller Tierkreiszeichen Ihrem Körper zur Verfügung stellen.

Natürlich ließe sich die Kenntnis der Wechselwirkung von Tierkreiszeichen im Monats- *und* Tageslauf besonders nutzen, beispielsweise für eine Fingerarbeit am Daumen bei Mond in Zwillinge, zwischen sieben und neun Uhr vormittags, um Probleme mit dem Magen in den Griff zu bekommen, um die Hautoberfläche intensiv zu durchbluten oder Sorgen zu vertreiben. *Alle* diese Zusammenhänge zu entdecken und zu nutzen, möchten wir jedoch vorerst Ihnen überlassen.

Die Kleinen Energiespiralen	Uhrzeit (Normalzeit)	Uhrzeit (Sommerzeit)	Verlauf
Widder	3–5 Uhr	4–6 Uhr	Startpunkt Lungen ⚡ Magen ⚡ Dickdarm ⚡ Zwerchfell ⚡ Luftröhre ⚡ Schulterblatt ⚡ Oberarm ⚡ Unterarm ⚡ Ellbogen ⚡ Daumennagel ⚡ Daumen ⚡ Endpunkt Zeigefinger
Stier	5–7 Uhr	6–8 Uhr	Startpunkt Zeigefinger ⚡ Arm ⚡ Schulter ⚡ oberer Rücken ⚡ rechte Halsseite ⚡ rechte Brustseite ⚡ Zwerchfell ⚡ Nabelgegend ⚡ rechter Kiefer ⚡ rechte Gesichtshälfte ⚡ Nase ⚡ Oberlippe ⚡ Endpunkt linker Wangenknochen. Innerhalb der zwei Stunden wechselt der Dickdarm-Energiefluss auf die linke Körperseite
Zwillinge	7–9 Uhr	8–10 Uhr	Startpunkt linker Wangenknochen ⚡⚡ Augenbrauenmitte ⚡⚡ unterhalb des linken Auges ⚡⚡ linker Kieferknochen ⚡⚡ linke Augenbraue ⚡⚡ linkes Ohr ⚡⚡ linkes Schulterblatt ⚡⚡ Magen ⚡⚡ Nabel ⚡⚡ rechter Oberschenkel innen ⚡⚡ Knie außen ⚡⚡ Gallenblase ⚡⚡ rechte Niere ⚡⚡ 12. Brustwirbel ⚡⚡ Milz ⚡⚡ linke Niere ⚡⚡ Außenseite rechtes Bein ⚡⚡ mittlerer Zeh ⚡⚡ Endpunkt großer Zeh. Innerhalb der zwei Stunden wechselt der Magen-Energiefluss von der linken auf die rechte Körperseite
Krebs	9–11 Uhr	10–12 Uhr	Startpunkt großer Zeh ⚡ inneres Fußgelenk ⚡ Ferse ⚡ Innenbein ⚡ Rückseite der Knie ⚡ Leistenbeuge ⚡ Bauch ⚡ Rippen ⚡ Kehle ⚡ Zunge ⚡ Magen ⚡ Endpunkt Herz

Tabelle 4: **Die Kleinen Energiespiralen**

Die Kleinen Energiespiralen	Uhrzeit (Normalzeit)	Uhrzeit (Sommerzeit)	Verlauf
Löwe	11–13 Uhr	12–14 Uhr	Startpunkt Herz 🐗 Brustraum 🐗 Unterarmbereich 🐗 alle Brustwirbel 🐗 Nieren 🐗 Zwerchfell 🐗 Bauchnabel 🐗 Dünndarm 🐗 Kehle 🐗 Augen 🐗 Großhirn 🐗 beide Lungenflügel 🐗 Luftröhre 🐗 Arme 🐗 Endpunkt kleiner Finger
Jungfrau	13–15 Uhr	14–16 Uhr	Startpunkt kleiner Finger ♌ Ellbogen ♌ Schulter ♌ rechte Halsseite ♌ rechte Schulter ♌ Armgelenk ♌ Brust ♌ Herz ♌ Magen ♌ rechter Wangenknochen ♌ rechtes Auge ♌ rechtes Ohr ♌ oberhalb der linken Augenbraue ♌ Endpunkt Stirn
Waage	15–17 Uhr	16–18 Uhr	Startpunkt Stirn ♎ Kopf ♎ Ohrmuschel ♎ Gehirn ♎ Wirbelsäule ♎ Steißbein ♎ Blase ♎ Nieren ♎ Beckenknochen ♎ Rückseite der Knie ♎ Rückseite der Schultern ♎ Wirbelsäule ♎ Lendenbereich ♎ Außenseite des Beins ♎ Endpunkt kleiner Zeh
Skorpion	17–19 Uhr	18–20 Uhr	Startpunkt kleiner Zeh ♏ Fußsohle ♏ Ferse ♏ Innenseite des Beins ♏ Leistenbeuge ♏ Steißbein ♏ Unterleibsorgane ♏ Bauch ♏ Nabel ♏ Nieren ♏ Rippen ♏ Leber ♏ Magenpförtner ♏ Lungen ♏ Kehle ♏ Zunge ♏ Nase ♏ Stirn ♏ Hinterkopf ♏ Wirbelsäule ♏ Herz ♏ Endpunkt Zwerchfell
Schütze	19–21 Uhr	20–22 Uhr	Startpunkt Zwerchfell ♐ Herz ♐ Magen ♐ unterhalb des Nabels ♐ Dünndarm ♐ Brust ♐ Arm ♐ Ellbogen ♐ Handfläche ♐ Mittelfinger ♐ Ringfinger ♐ Endpunkt Nagelspitze des Ringfingers

Tabelle 4: **Die Kleinen Energiespiralen**

Die Kleinen Energie-spiralen	Uhrzeit (Normalzeit)	Uhrzeit (Sommerzeit)	Verlauf
Steinbock	21–23 Uhr	22–0 Uhr	Startpunkt Spitze des Ringfingers ↗ Rückseite des Handgelenks ↗ Ellbogen ↗ Schulter ↗ Mittelpunkt zwischen den Brüsten ↗ Herz ↗ Bauchspeicheldrüse ↗ Magen ↗ Gallenblase ↗ Nackenmuskel ↗ Ohren ↗ quer durch den Kopf ↗ Augenbraue innen ↗ Augenbraue außen ↗ Hinterkopf ↗ Endpunkt Augenlider unten
Wassermann	23–1 Uhr	0–2 Uhr	Startpunkt Augenlider unten ↗ Wangenknochen ↗ Ohrrückseite ↗ Ohrmuschel ↗ Hinterkopf ↗ Stirn ↗ Schulter ↗ Armgelenk ↗ Brustraum ↗ Gallenblase ↗ Magen ↗ Nabel ↗ Leber ↗ Milz ↗ Bauchspeicheldrüse ↗ Becken ↗ Mastdarm ↗ Außenseite der Beine ↗ äußeres Fußgelenk ↗ quer über die Oberseite des Fußes ↗ vierter Zeh ↗ Endpunkt Nagel des großen Zehs
Fische	1–3 Uhr	2–4 Uhr	Startpunkt Nagel des großen Zehs ↗ Innenseite Fußgelenke ↗ Bein ↗ Leistenbeuge ↗ Bauch ↗ Gallenblase ↗ Bauchspeicheldrüse ↗ Zwerchfell ↗ Kehle ↗ Augenhintergrund ↗ Hinterkopf ↗ Speiseröhre ↗ Magen ↗ Endpunkt Lunge – und Anfangspunkt einer neuen Tagesspirale

Tabelle 4: **Die Kleinen Energiespiralen**

Sich bei Mond im Widder für drei Uhr morgens den Wecker zu stellen, weil dann die Fingerarbeit am Ringfinger eine optimale Wirkung hätte, ist zwar in sich richtig, aber es wäre reichlich übertrieben, ja sogar schädlich. Wenn Sie allerdings ohnehin aufwachen, dann sollten Sie es nicht versäumen, dem Ringfinger eine besonders gute Behandlung zuteil werden zu lassen.

Lassen Sie sich an dieser Stelle einmal ein wenig Zeit zum Nachdenken, bevor wir gemeinsam weitergehen. Fühlen Sie sich ein wenig in diese wunderbaren Kreisläufe hinein, die einander durchdringen und ergänzen:

Jahresstufe – besondere Energien, wenn die *Sonne* im März in Fische steht.

Monatsstufe – kosmischer Wellenschlag, nutzbar für jeden, wenn der *Mond* durch das Tierkreiszeichen Jungfrau wandert.

Tagesstufe – fühlbare Kräfte, wenn von 23 bis 1 Uhr der Fische-*Stundenrhythmus* die Galle berührt und regeneriert.

Stundenstufe – jede *Minute* des Tages, die für sich wieder anders gefärbt ist als die vorige, wenn die Kleine Fische-Energiespirale vom unteren Augenlid durch die Galle und inneren Organe zum großen Zeh wandert.

Jeder Kreislauf steht nicht für sich allein, sondern färbt, verstärkt, durchdringt, verlangsamt andere Kreisläufe: viele Spiralen, die schneller oder langsamer in die Zukunft wandern und auf deren Wellenbewegungen sich wunderbar reiten lässt.

Vielleicht fragen Sie sich, warum das Wissen um die Energiespiralen so in Vergessenheit geraten konnte. Die Gründe sind sicherlich vielfältig, aber einer der wesentlichsten dürfte der sein, dass es die vorherige Generation nicht weitergegeben hat.

Wer in seinem Leben noch nie Wein getrunken hat und in einer Weltgegend aufgewachsen ist, in der kein Wein wächst und keine Weinkultur existiert, der wird die Dialoge von Weinkennern kaum verstehen. Selbst dann nicht, wenn er einige Tage lang Wein von unterschiedlicher Qualität probiert hat. Ähnlich dem Wirken des Biorhythmus dauert es seine Zeit, bis Sie den Kreislauf der Energien zu spüren beginnen.

Es kommt hinzu, dass jeder Mensch ihr Vorhandensein und ihr Wirken anders empfindet. Es gibt keinerlei Gesetzmäßigkeit für die persönliche Wahrnehmung dieser Energien.

Manche empfinden beispielsweise genau den Übergang von einer Spirale zur anderen, am Wechsel der Doppelstunden, deutlicher, manche aber nur nachts, manche tagsüber.

Wieder andere empfinden den Durchgang der Energie in einzelnen Körperteilen etwas deutlicher, dafür aber nur an bestimmten Wochentagen.

Ihr persönliches Gefühlsspektrum können Sie jetzt kennen lernen, wenn Sie das Geschehen in Ihrem Körper in Beziehung setzen zu den vielen Aspekten der Energiespirale, vom Hauptorgan über Tageszeit, Gemütszustand, Funktionskreise bis zur Reihenfolge innerhalb der Energiespiralen.

Sie können jetzt beispielsweise Angina in Zusammenhang mit dem möglichen Auslöser »Ängste« bringen und mit deren direkten Folgen, nämlich dass auch die Nierenfunktion belastet wird. Viel Wasser trinken bei Angina, den Ängsten ins Auge schauen, sie abbauen und sich mit Waage- und Skorpion-Mondgymnastik befassen – das sind Maßnahmen, die das Problem an den Ursachen packen.

Vielleicht ein Trost für Sie: Selbst wenn die Zusammenhänge und Wechselwirkungen auf den ersten Blick zu kompliziert erscheinen – die Mondgymnastik ist *immer* umfassend wirksam. Sie kräftigt und harmonisiert alle Kreisläufe und Energiespiralen, auch ohne Ihr Wissen um das Warum.

Sie können es dann direkt erleben: Überall herrscht das gleiche Prinzip, nämlich dass sich alles Große im Kleinen wieder findet, dass alles Kleine seinen direkten Einfluss auf das Große ausübt. Kein Blatt, das nicht den ganzen Baum enthält. Keine Welle, die nicht vom ganzen Meer umfasst wird. Kein Gedanke, der im Großen verloren geht und ohne Einfluss bliebe.

Kein kleiner Finger, den Sie bei der Fingerarbeit umfassen, der nicht im Großen und Ganzen des Körpers starke positive Wirkung ausübt.

Sicherlich verstehen Sie jetzt noch ein Stückchen mehr, warum wir immer wieder die Kraft des Einzelnen hervorheben und daran erinnern. Ausnahmslos jede einzelne Ihrer Entscheidungen hat eine Wirkung im

Großen und Ganzen. Überall sind es die winzig kleinen Dinge, von denen etwas Großes seinen Anfang nimmt, zum Guten wie zum Bösen. Das Geschenk eines Apfels kann ein Weltreich retten. Ein Zaunstreit kann einen Krieg auslösen.

Vielleicht gibt Ihnen die folgende kleine Anekdote ganz zum Schluss der Beschreibung der Mondgymnastik und der Energiespiralen die richtige Perspektive.

Chayito

Wir schreiben den schönen Monat Mai des Jahres 2001. »Chayito«, das ist der Spitzname einer feinen alten Dame, die ihren Lebensunterhalt mit dem Verkauf von Zeitungen an einer belebten Straßenkreuzung in Mexico City verdient, ihrer Heimatstadt. Jeder Autofahrer, der regelmäßig die Kreuzung passiert, kennt sie und freut sich über ihre nie nachlassende Fröhlichkeit. Sie wurde 1910 geboren, hat heute 15 Enkelkinder, 30 Urenkel, und es gibt auch schon Kinder der Urenkel.

»Zeitungen verkaufe ich, weil ich meinen Kindern nicht auf der Tasche liegen möchte«, sagt sie.

Sie lebt in einer Kommunalwohnung, deren schönster Schmuck ein Regal ist, das von Pokalen und Medaillen überquillt, sämtlich Preise für Siege bei Seniorenläufen – Mittelstrecken und Marathon, Preise von Wettkämpfen aus aller Welt. Im Frühling 2001 gewann sie ihr bisher letztes Rennen, und sie möchte noch mindestens zehn Jahre lang laufen.

»Die größte Überraschung war für mich, dass nicht in der ganzen Welt das Gleiche gegessen wird wie in Mexiko«, sagt sie und lacht übers ganze fröhliche, zahnlose Gesicht. Schwierig sei es im Augenblick, einen Sponsor für den nächsten Laufwettbewerb zu finden. »Die Leute investieren nicht gern in alte Menschen, … aber es wird schon klappen«, sagt sie und lacht wieder.

Was denn ihr Geheimnis sei, wird sie gefragt. Woher diese Ausdauer und Kraft?

»Es gibt kein Geheimnis. Wenn ich zu Hause bleibe, dann sterbe ich.

Du musst dir erst was vornehmen, und wenn du das getan hast, musst du es auch erledigen. Es muss ein Weg mit Herz sein, der dir Freude macht. Kein Geheimnis dabei.«

Chayito war 80 Jahre alt, als sie mit dem Laufen begann. Bis zu diesem Zeitpunkt hatte sie niemals zuvor Sport getrieben.

Teil IV

DURCHS ZIEL!

Wer Rosen schenkt, bringt Gesichter zum Leuchten.
Wer mit den Hunden schlafen geht, wacht mit Flöhen auf.
Nur schlechtes Essen macht müde.
Lebenskunst heißt auch, nicht überrascht zu sein,
wenn wir ernten, was wir gesät haben.
RON FISCHER

Dieses Buch wäre auch ohne das folgende Kapitel in sich vollständig. Sie haben schon eine ganze Menge erreicht, wenn es Ihnen gelingt, die Mondgymnastik zu einem Bestandteil Ihres Alltags zu machen. Wir haben keinen Zweifel an Ihrem Erfolg, denn uns sind so viele Fälle vertraut, in denen auch zur »Bequemlichkeit« neigende Menschen schnell und mühelos in dieses einfache System hineingewachsen sind und schon nach kurzer Zeit die schönsten Erfolge feiern konnten – körperlich *und* seelisch.

Die Mondgymnastik als Weg zu *dauerhafter* körperlicher Fitness – wünschen Sie sich das?

Soll sie Ihnen vielleicht auch beim Abnehmen und Gewichthalten helfen?

Wollen Sie neues Selbstvertrauen tanken durch ein Minimum an Selbstdisziplin am Morgen?

Die Mondgymnastik macht all das möglich und noch etliches mehr. Dennoch waren wir uns einig, dass dieser letzte Teil nicht fehlen darf – ein Kapitel über einige Grundbausteine einer gesunden Ernährung, die auch im Alltag umsetzbar ist.

Eine kleine Parabel vom Automobil (Folge 7)
Was geschieht, wenn der umsichtige Autofahrer auf Rost klopft? Der Rost löst sich, nicht wahr? Also wird er sich ans Werk machen, um den Rost zu beseitigen, wenn er schon herumfliegt. Und zweitens wird er

unfehlbar dafür sorgen, dass so bald kein neuer Rost entsteht.
(Fortsetzung folgt)

Die Mondgymnastik bringt alles in Ihnen in Bewegung. Sie gewinnen an Beweglichkeit und Lebenslust, das Blut gerät in Wallung, Muskeln, von deren Existenz Sie nichts ahnten, wachen auf, Sinnesorgane schärfen sich, Adern weiten sich, im Kreislauf geht es rund, dass es eine Freude ist.

Noch etwas anderes geschieht und verdient Ihre ungeteilte Aufmerksamkeit: Ein *Reinigungsprozess* beginnt. Lange gehütete Schlackendepots geraten in Fluss und machen sich durch Müdigkeit, Muskelkater oder gar Kopfschmerzen bemerkbar. Auch Ablagerungen in Ihren Gelenken können sich »zu Wort melden« und daran erinnern, dass eine große Säuberung im Gang ist. Wie Sie diesen Prozess am besten unterstützen können, dabei möchten wir Ihnen helfen.

Eine kleine Parabel vom Automobil (Folge 8)

Jeder Automobilist weiß, was geschieht, wenn er einen Ferrari-Motor in einen VW-Käfer Baujahr 1962 einbaut. Kilometer um Kilometer wird es ihm bewusster: Der Motor ist zwar einsame Spitze, aber das Drumherum kann da nicht mithalten und wird über kurz oder lang auch dem Motor den Garaus machen. Entwicklung im Gleichgewicht ist das Gebot – der Ferrari-Motor braucht ein seiner Kraft angepasstes Umfeld. Von der Kraftübertragung bis zum Reifen, alles muss stimmen. Dann kann die Post abgehen.
(Fortsetzung folgt)

Es ist richtig, dass viel Bewegung und Sport für sich allein schon sehr lange fit und gesund halten können, selbst wenn Sie es mit Ihrem sonstigen Lebenswandel nicht so genau nehmen und hin und wieder »sündigen«. Die Rechnung geht allerdings nicht auf, wenn das Sündigen zur Gewohnheit wird oder wenn Sie sich »normal« ernähren.

Der langfristige Erfolg der Mondgymnastik beruht nicht nur auf ihrer halbwegs regelmäßigen Ausführung, sondern auch darauf, wie gut und gleichmäßig es Ihnen gelingt, aktivierte Giftdepots zu leeren und dafür zu sorgen, dass sich fortan nichts mehr in ihnen ansammelt! Um die Entsorgung der Altlasten geht es also und gleichzeitig darum, dass es nicht wieder zu »Neulasten« kommt, dass die bereitstehenden Schlackendepots nicht wieder in kurzer Zeit aufgefüllt werden.

In unserem Buch *Alles erlaubt!* haben wir uns eingehend mit dem Thema »Gesunde Ernährung« befasst und viele zeitlos gültige Antworten gegeben. Es war eine große Freude zu sehen, wie bereitwillig unsere Anregungen aufgenommen worden sind und welche »Revolutionen der Lebensfreude« das Buch bewirkte. Im Folgenden wollen wir Sie mit einigen weiter gehenden Informationen über Zusammenhänge und Wechselwirkungen vertraut machen, die in einem Buch über Bewegung und Gymnastik zum richtigen Zeitpunkt sicherlich von Interesse sind. Beispielsweise, was eigentlich »Schlacken« überhaupt sind und was genau unter »Entgiftung« zu verstehen ist. Oftmals ernährt man sich nämlich in bester Absicht biologisch und gesund, erzielt aber nicht den gewünschten Erfolg, weil ein Schritt vor dem anderen kommen muss: zuerst entgiften und dann Gutes zuführen.

1. Die Guten ins Töpfchen – Über den Stoffwechsel

Was ist eigentlich der Stoffwechsel?

Der Körper nimmt auf, trennt das Brauchbare und Gute vom Überflüssigen und Giftigen. Ersteres verwendet er zum Leben, Letzteres wird er wieder los. Zur Erfüllung dieser Aufgaben braucht er ein wenig Energie und bestimmte Stoffe, die er ebenfalls aus der Nahrung gewinnt – in erster Linie Wasser, Vitamine und Mineralien.

Körper – Nahrung – ein wenig Energie – Stoffwechsel und Verbrennung – Antrieb, Impuls, Bewegung, Leben – Ausscheidung.

Guter Motor – gutes Benzin – ein wenig Energie in Form von Zündfunken – Verbrennung – Bewegung – Abgase, Ölverbrauch.

Was ist eine Stoffwechselstörung?

Es ist sehr einfach: Bekommt der Körper zu wenig vom Guten und zu viel vom Giftigen, oder ist er unfähig, das Gute vollständig aufzuschlüsseln, dann ist es nur eine Frage der Zeit, bis sich unser Organismus nicht mehr wohl fühlt. Beim einen früher, beim anderen etwas später. Aber unangenehm wird es in diesem Fall für jeden.

Drei Dinge geschehen, nacheinander oder auf einmal:
- Die Mineralstoff-Schatzkammern des Körpers werden geplündert, um die sich bildenden Gifte und Säuren zu neutralisieren – Zähne, Knochen, Gefäßwände, Haarboden usw.
- Die Ausscheidungsorgane Lunge, Leber, Nieren, Blase, Haut usw. rea-

gieren zuerst mit Anzeichen der Überlastung, beispielsweise mit Müdigkeit nach dem Essen, viel später dann mit Krankheit, noch später mit Versagen.

• Die Schlackendepots im Körper, die Müllhalden, füllen sich langsam – bis sie voll sind und nichts mehr aufnehmen können. Dann müssen »wilde Deponien« herhalten – Gicht, Steinbildung, Arthrosen usw. – oder andere Ausgänge gesucht werden – offene Beine etc.

Alle drei Vorgänge verlaufen längere Zeit fast unmerklich, ihre Symptome sind deshalb manchmal nur schwer mit der eigentlichen Ursache, der falschen Ernährung, in Verbindung zu bringen.

Sind allerdings die Schlackendepots gefüllt, so kommt es zu ersten gravierenden Symptomen, und oftmals auch wird erstmals der Arzt aufgesucht. Dieser nun bekämpft leider meist das Symptom, statt die Ursache zu finden und zu behandeln.

Was dann mit dem Symptom geschieht, darüber gibt es in den USA heute Studien: 35 Prozent aller Todesursachen sind in den *Nebenwirkungen* von Medikamenten zu suchen, nicht zu reden von der Tatsache, dass Pathologen herausgefunden haben, dass kranke Menschen in über 50 Prozent der Fälle wegen Krankheiten behandelt wurden, unter denen sie gar nicht litten! Damit haben sich die Nebenwirkungen von Medikamenten zur vierthäufigsten Todesursache entwickelt.

Die Arbeit, echte Zusammenhänge zu erkennen, müssen Sie als Patient den Ärzten noch vielfach abnehmen, besonders in Österreich. Unerträglich ist, dass dort Heilpraktiker noch verboten sind, dass also genau jene Menschen ihren Beruf nicht ausüben dürfen, die in größeren Zusammenhängen denken.

Auf dem Heilpraktikerkongress in Deutschland haben wir deutlich zu fühlen bekommen, welch trauriges Bild Österreich im Vergleich bietet, wo es noch die Götter in Weiß gibt, die eher ihren Titel polieren, als sich in tätiger Liebe zu den Menschen zu üben. Ausnahmen wie etwa die Wiener Medizinerin Marina Marcovich bestätigen die Regel. Sie wird bekämpft nicht aus fachlichen Gründen, wie jeder sehen konnte, sondern aus Eifersucht und weil sie ein lebendiger, unbequemer Spiegel ist für die »Normalen«.

Wir berichten Ihnen dies nicht, um Ihren Ärger zu provozieren – eher im Gegenteil: Wir möchten Sie immer wieder daran erinnern, dass Gesundheit Ihrem eigenen Tun entspringt, Ihrem Denken, Fühlen und Handeln. Kein Arzt kann Ihnen dieses Abenteuer Leben und Gesundbleiben abnehmen.

Und wir möchten Sie hier wieder einmal daran erinnern, dass ein funktionierender Stoffwechsel *alles* ist. Ein gesunder Körper erkennt, wählt aus, entscheidet sich, fühlt, was er braucht und was nicht. Geben Sie Ihrem Körper die Chance, das Richtige zu tun. Und machen Sie niemanden und nichts für den eigenen Gesundheitszustand verantwortlich. Sie selbst bereiten den Boden, laden Gesundheit ein oder sperren sie aus.

Manchmal liest man den Begriff »Stoffwechselstörung« in Zusammenhängen, als ob das etwas lange nicht so Gravierendes sei wie etwa Krebs, Herzkrankheit oder Schlaganfall. Nicht so schlimm? Machen Sie sich jetzt und hier ein für alle Mal bewusst, dass Anfang und Ende jeglicher Gesundheit ein funktionierender Stoffwechsel ist.

Wir essen uns gesund, oder wir essen uns krank. Unsere Nahrung ist Medizin, oder sie ist Gift.

Fast jede Zivilisationskrankheit hat in Stoffwechselstörungen ihre Wurzel, von Asthma bis Alzheimer, von Krebs bis Herzinfarkt. Wild lebende Säugetiere kennen keinen Herzinfarkt. Niemals würden sie überleben können, wenn man sie mit dem ernährte, was wir als »normal« bezeichnen.

Würden wir mit unserer Nahrung alles aufnehmen, was der Körper braucht, und alles weglassen, was ihn belastet, dann wäre uns bis ins hohe Alter ein blühendes, gesundes Aussehen gewiss. Wir würden dann nämlich die Mineralstoffreserven nicht antasten müssen, die wir besitzen, um in Notzeiten Gifte zu neutralisieren.

Im Unterschied zu einem Auto verzeiht unser Körper jahrelang »schlechtes Benzin«, manchmal jahrzehntelang, je nach Konstitution und seelischer Einstellung. Er lässt uns nur durch leicht zu übersehende Signale – ein wenig Müdigkeit, ein Pickel hier und da, Sodbrennen, Haarausfall usw. – wissen, dass er nicht ganz einverstanden ist mit dem minderwertigen Treibstoff.

Immer mehr muss er in diesen Jahren und Jahrzehnten auf Reserven zurückgreifen. Bekommt er nur 98 Prozent dessen, was er braucht, so geht's ans Eingemachte. Die restlichen zwei Prozent kommen aus den Reserven. Wird er mit allem, was er normalerweise benötigt, versorgt, jedoch zusätzlich mit Giften aus Umwelt, Nahrung und Seele belastet, plündert er ebenfalls die Reserven.

Dies geschieht so lange, bis nichts mehr da ist, womit neutralisiert und ausgeschieden werden könnte: zu wenig Mineralien, Vitamine, Wasser. Das sind die Situationen, in denen schon eine einzige durchzechte Nacht, eine »Kleinigkeit« zum Ausbruch schwerer Störungen und Krankheiten führen kann. Weil das Maß voll ist und die Speicher leer sind.

Sogar eine beleidigende Äußerung kann sich als eine solche Kleinigkeit erweisen, denn der Körper muss auch bereit und gesund genug sein, um seelisches »Gift« annehmen und umwandeln zu können. Ist er es nicht, so leiden seine entgiftenden Organe in gleicher Weise oder gar noch mehr als bei minderwertiger Nahrung.

Der Stoffwechsel ist alles – in vielfacher Hinsicht.

Wie wirkt sich nun ein allmählich immer stärker belasteter Stoffwechsel aus? Was bedeutet »belastet«? Woran können Sie erkennen, ob Sie belastet sind, wenn wir in Rechnung stellen, dass heutzutage ein hohes Maß an Belastung »normal« ist?

Dazu müssen wir uns den Unterschied zwischen »sauer« und »basisch« näher betrachten.

2. Versauern – nein danke!

Kennen Sie das auch? Manchmal gibt man so viel Zucker in eine Tasse Kaffee oder Tee, dass sich der Zucker nicht mehr ganz auflöst und ein Rest auf dem Tassenboden bleibt – am Knirschen des Löffels fühlbar. Der Kaffee oder Tee ist mit Zucker so sehr *gesättigt*, dass er nichts mehr aufnehmen kann.

Unser Blut ist ebenfalls eine Flüssigkeit, und zwar eine ganz besondere, die eine solche wunderbare Vielfalt von Aufgaben erfüllt, dass bis heute nicht ein einziger Mensch diese Vielfalt erfasst hat, geschweige denn sie irgendwie nachbilden konnte. Wenn Sie einmal die Gelegenheit haben, eine so genannte Dunkelfeldmikroskopie Ihres Blutes machen zu lassen – lassen Sie sich die Chance nicht entgehen! Es ist faszinierend und lehrreich.

Einige wenige Dinge wissen wir jedoch sehr genau über das Blut – beispielsweise die Tatsache, dass es sich in einem fast perfekten Gleichgewicht befinden muss zwischen *sauer* und *basisch* (auch *alkalisch* genannt). Sein so genannter pH-Wert – eine Messgröße für »sauer« oder »basisch« – muss zwischen 7,35 und 7,45 liegen. Schon knapp über- oder unterhalb dieses Wertes stirbt der Mensch. *Neutral*, also weder sauer noch basisch, ist in diesem System der Wert 7. Diesen besitzt zum Beispiel Quellwasser. Unsere Körperflüssigkeiten weisen von Natur aus unterschiedliche pH-Werte auf, sie sind entweder leicht oder stark sauer (wie etwa der Magensaft) oder eher basisch (wie beispielsweise die Gallenflüssigkeit).

Der Körper ist nun von Sekunde zu Sekunde damit beschäftigt, alle Flüssigkeiten in einem optimalen Zustand zu halten, damit sie ihre Aufgaben bestmöglich erfüllen können – Nährstofftransport, Informationsübermittlung, Schlackenentfernung. Vor allem muss er jede Anstrengung unternehmen, um das Blut vor Übersäuerung oder Überalkalisierung zu schützen.

Um dies tun zu können, braucht er lebendige, angemessen neutral bis basisch wirkende Nahrung und lebendiges, klares Wasser.

Geboren werden wir normalerweise quicklebendig, schlackenfrei und beweglich wie eine Gummipuppe, ausgestattet mit einem Schatz an Spurenelementen und Mineralstoffen, der im Idealfall unablässig durch die Muttermilch aufgefüllt wird.

Eine kleine Parabel vom Automobil (Folge 9)
Jeder Autofahrer weiß, was geschieht, wenn er seinem Gefährt, das nach Super verlangt, 85-oktaniges Normalbenzin in den Tank schüttet, wie man es in manchen Entwicklungsländern erhält. Wer würde das schon tun?
(Fortsetzung folgt)

Wenn wir nun diesem jungen Organismus allmählich immer mehr die alltägliche, normale Ernährung zukommen lassen, dann muss er zunehmend härter arbeiten, um all die Gifte und insbesondere das *Zuviel an Säuren*, die sich im Körper bilden, in den Griff zu bekommen.

Eine vergleichbare Entwicklung sehen wir bei Bäumen, die durch sauren Regen geschädigt sind. Auf den ersten Blick wirken sie gesund, doch bei genauer Betrachtung treten die Signale der Krankheit und des Absterbens deutlich zutage. Die durch Säure geschwächten Bäume werden anfällig für Fremdeinflüsse und verlieren ihre Fähigkeit, sich zu regenerieren.

Bei uns Menschen ist der Darm das »Wurzelwerk«. Was für die Bäume der Boden, ist für uns die Nahrung. Wie bei den Bäumen machen sich Mangelernährung und säuernde Kost erst nach einem längeren Zeitraum in Form von Krankheiten bemerkbar. Es dauert beispielsweise Monate und Jahre, bis nach dem Dauergenuss von Colagetränken Knochenabbau eintritt. Aber es wird geschehen!

»Die Übersäuerung des Körpers
ist das Grundübel aller Krankheiten.«
PARACELSUS

Säuren sind es, die uns in viel höherem Maß das Leben schwer machen, als es uns in der Regel bekannt ist oder beigebracht wird. Folgende Säuren sind es beispielsweise, die durch den Stoffwechsel im Körper entstehen:

- Essigsäure aus Süßigkeiten und leeren Kohlenhydraten, Weißmehl usw.,
- Milchsäure aus starker Muskeltätigkeit,
- Harnsäure aus Fleischkonsum und Zellabbau usw.,
- Kohlensäure und Phosphorsäure aus Getränken,
- Schwefelsäure aus Schweinefleisch und unterdrückten Blähungen (!),
- Salpetersäure aus bestimmten Käsesorten und Gepökeltem,
- Gerbsäure aus Kaffee und Tee, aus Farbstoffen, Konservierungsstoffen, künstlichen Aromen usw.,
- Acetylsalicylsäure aus den häufigsten Schmerzmitteln,
- Fruchtsäuren aus Getränken und (kaum zu glauben) aus Kosmetika.

Die Wahrscheinlichkeit, dass Ihr Körper ganz »normal übersäuert« ist, ist sehr hoch. Zumindest können Sie davon ausgehen, wenn Ihre Einkaufsgewohnheiten Sie regelmäßig in den Supermarkt führen. Ein guter pH-Wert im Urin bedeutet jedoch nicht unbedingt »schlackenfrei«. Manchmal herrscht eine Säureblockade im Körper, weil alle Schlacken in den Geweben und Organen gleichsam sicherheitshalber verkapselt sind. Ein ausleitend wirkendes homöopathisches Mittel (etwa Nux vomica) oder ein guter Kräutertee könnte den pH-Wert schnell steigen lassen, weil dadurch tief abgelagerte, kristallisierte Schlacken ins Blut wandern.

Was fängt der Körper an, um nicht von all diesen Säuren innerlich aufgefressen und zersetzt zu werden?

Er weiß sich anfangs zu helfen: Mit Hilfe von Mineralien aus der Nahrung und später aus eigenen Mineralienreserven (Knochen, Knorpel, Zähnen, Nägel, Haarboden, Blutgefäßen usw.) geht er ans Werk, überschüssige Säuren möglichst rasch zu neutralisieren, in erster Linie – wie bereits erwähnt –, um den pH-Wert des Blutes zu schützen.

Das Produkt neutralisierter Säuren nennt man »Salze«. Und diese Salze wiederum sind es, die gewöhnlich als »Schlacken« bezeichnet werden. Immer wenn die Rede von »Entschlackung« ist, geht es um das Ausscheiden solcher Salze, solcher neutralisierter Säuren, über Haut, Nieren und Blase.

Gesunde, biologische, Basen bildende Ernährung könnte den Körper bei seiner Arbeit optimal unterstützen. Bereits 1913 empfahl der Norweger Ragnar Berg in einem Ernährungsbuch für Schwangere, dass Gesunde viermal mehr basen- als Säure bildende Nahrungsmittel essen sollten, Kranke sogar siebenmal mehr.

Die moderne Normalkost steht in einem umgekehrten Verhältnis: Der Hauptteil der Nahrungsmittel setzt sich zusammen aus »Säurebildnern« wie Fertigbackmischungen, Fleisch, Milchprodukten, Weißmehl, kohlensäurehaltigen Getränken, Zucker, Kaffee und Alkohol, und nur zu etwa 20 Prozent aus »Basenbildnern« wie Obst, Gemüse, Kartoffeln, Kräutertee und Quellwasser.

Kein Wunder also, dass die meisten Menschen in westlichen Industrieländern »übersäuert« sind! Diese schleichende Stoffwechselstörung bildet den Ausgangspunkt fast jeder bekannten Zivilisationskrankheit. Ihre Anfangssymptome sind leichte Schleimhaut-, Haut- und Knochenhautallergien. Andere Symptome können Schwindelgefühle, Mundgeruch und schlechter Geschmack im Mund, eine grau belegte Zunge und dunkle Augenringe sein.

Die Übersäuerung bewirkt obendrein, dass notwendige Vitamine, Mineral- und Vitalstoffe zu ihrer Neutralisierung nur unzureichend aus der Nahrung gewonnen werden können; es kommt zu Mangelerscheinungen. Lebensnotwendige Bakterien im Dünndarm sterben, das Immunsystem wird geschwächt.

Erkältungen und Infektionen nehmen zu, außerdem Kopfschmerzen und Migräneanfälle. Die Haare werden glanzlos, die Allergiebereitschaft steigt, und die Haut wird blass und fahl.

Damit lebenswichtige Enzyme und Botenstoffe wirksam werden können, brauchen sie ein bestimmtes Säure-Basen-Verhältnis im Zellmilieu. Durch Säureanstieg im Blut wird das Blut so verdickt, dass sich dessen Fluss stark verlangsamt, was wiederum Herzinfarkt oder Hirnschlag zur Folge haben kann.

Ein saures Körpermilieu führt auch dazu, dass wir buchstäblich »sauer« reagieren, uns über Kleinigkeiten aufregen, überkritisch sind und wenig Lebensfreude, Leichtigkeit und Liebe entwickeln können. Es ist eine alte Weisheit: Nur in einem gesunden Körper wohnt auch ein gesunder Geist. Übersäuerung des Organismus schließt das Gemüt mit ein.

Eine Entsäuerung des Körpers kann daher tief greifende seelische Auswirkungen haben und aus uns buchstäblich einen neuen Menschen machen, dessen Umgebung die Veränderung sicherlich mit Freude wahrnimmt.

Wenn nun der Körper zu wenig Mineralien aus der Nahrung und aus Mineralstoffvorräten zur Verfügung hat, um die vielen Säuren zu neutralisieren – was geschieht dann? Was geschieht, wenn die ausleitenden Organe überlastet sind?

Die Folgen sind so vielfältig, wie es unterschiedliche Menschen gibt. Jeder reagiert anders, aber die Ursache ist meist die gleiche. Die Liste möglicher Zweit- und Drittfolgen von Übersäuerung ist lang: Allergien, Akne, offene Beine, um die Gifte über Wunden zu entsorgen, Hautjucken, Fußschweiß, Hämorrhoiden, Knochenschwund (Osteoporose),

Bandscheibenleiden, Haarausfall, Zahnprobleme, Kalziumverlust aus Gefäßwänden mit der Folge von Cholesterineinlagerung als Gefäßschutz, Herzkrankheiten infolge von Cholesterinansammlung und »Verkalkung«, zu hoher Cholesterinspiegel als Notwehrreaktion des Körpers, vorzeitige Hautalterung usw.

Hier verbirgt sich auch der Grund, warum Krebskranke nach einer Chemotherapie die Haare verlieren. Der Körper rafft in kürzester Zeit alle Mineralstoffvorräte zusammen und opfert sie, um die Gifte, die ihm verabreicht werden, zu neutralisieren beziehungsweise die Abfallprodukte der Zellzerstörung zu beseitigen, die ebenfalls übersäuernd wirken. So wenig achtet die Schulmedizin auf diesen Zusammenhang, dass sie bis heute Chemotherapien nicht mit gleichzeitigen hohen Mineralstoffgaben begleitet.

Ausnahmslos jeder Krebskranke müsste sofort auf basische Ernährung – vegetarisch und ohne jede Spur von tierischem Eiweiß – umsteigen. Neben einer Bettumstellung auf einen guten Platz wäre das die wichtigste Maßnahme.

Sie wissen sicher, dass jeder Mensch Krebszellen in sich trägt. Krebs benötigt zum Gedeihen und Überleben ein saures Milieu, in einem basischen Umfeld kann er sich nicht entwickeln. Eine Katastrophe ist deshalb, dass sogar Kinderkrankenhäuser und Krebskliniken die Patienten mit wertloser, Säure bildender Nahrung abfüttern. Vielfach bekommen die kranken Kinder und Erwachsenen nur auf ausdrücklichen Wunsch Obst, und Salate gibt es so gut wie nie, von biologisch angebautem Obst und Gemüse ganz zu schweigen. Mit dieser Ernährung werden lediglich der Krebs und andere Erkrankungen der Patienten gefüttert!

In einem uns bekannten Fall wurde es den Eltern sogar ausdrücklich verboten, gesunde Kost ins Krankenhaus mitzubringen, weil das »alles durcheinander bringt«. Logisch, denn das Kind könnte dann nicht mehr als Versuchskaninchen für »wissenschaftliche« Studien herhalten.

Bitte denken Sie einfach immer daran: Ein gut funktionierender Basen-
haushalt im Körper ist eine Folge gesunder Ernährung. Deshalb existieren auch keine Medikamente, die uns gesund machen, wenn wir uns un-
wohl, müde und schlecht gelaunt fühlen – alles Anfangssymptome einer
Übersäuerung. Müdigkeit nach dem Essen ist immer ein Zeichen, dass Sie
etwas nicht vertragen oder Säuerndes gegessen haben! Eine basenüber-
schüssige Ernährung ist der beste Schutz vor chronischen Krankheiten
und Krebs!

Wer an Übersäuerung leidet, wird generell leicht müde. Viele greifen
dann zu Kaffee, schwarzem Tee, Cola oder Süßigkeiten und erhöhen damit wiederum den Säurespiegel ihres Blutes! Schließlich wird der Betroffene durch eine Krankheit zur Ruhe *gezwungen* und scheidet über Haut,
Schleimhäute, Darm, Blase und Nieren überschüssige Säuren aus. So
betrachtet, helfen uns Krankheiten, wieder zurück zum Säure-Basen-
Gleichgewicht zu finden, und es wäre unklug, das Krankheitssignal
»Schmerz« durch Schmerzmittel auszuschalten. Schmerz ist auch Ausdruck von zu viel Säuren im Körper.

Eine kleine Parabel vom Automobil (Folge 10)

*Jeder Autofahrer, in dessen Fahrzeug das Ölwarnlämpchen aufleuch-
tet, geht zur Werkstatt und lässt prüfen, was defekt sein könnte. Es gibt
Werkstätten, die wechseln die Lämpchen aus und sagen: »Alles in Ordnung!« Ein guter Autofahrer meidet solche Klitschen.*
(Fortsetzung folgt)

Wie gesagt, wenn die Übersäuerung über einen längeren Zeitraum andau-
ert, opfert der Körper Mineralien, zum Beispiel aus Knochen und Zähnen, um die Säuren zu neutralisieren. Deshalb auch die dramatische
Zunahme von Osteoporose (Knochenschwund) nicht nur bei älteren
Frauen, sondern auch schon bei Kindern und Jugendlichen. Außer im
Bindegewebe lagert der Körper im Knochen die überschüssigen Säuren
ab; dadurch wird der Knochen poröser und leichter brüchig.

Warum erfahren viele Menschen nichts von der allgegenwärtigen Über-
säuerung?

Weil nur wenige die Zusammenhänge kennen. Insgesamt wird die Tatsache der Übersäuerung unseres Körpers von Seiten der Schulmedizin fast
ignoriert, wie Sie am oben erwähnten Beispiel aus der Krebsklinik erkennen können.

Anders ist auch nicht zu erklären, dass das Trinken von Milch als Mittel gegen Osteoporose empfohlen wird und Herzspezialisten nichts hören wollen vom »Ausgleich des Säure-Basen-Haushalts.«

Knochenschwund mit Zufuhr von viel Milch verhindern zu wollen, ist
sinnlos, weil der Körper das enthaltene Kalzium nicht verwerten kann.
Und Osteoporose kommt nirgends häufiger vor als in Ländern, in denen
große Mengen Kuhmilch getrunken werden. In Ländern wie China und
Japan, in denen man so gut wie keine Milchprodukte verzehrt und sich
überwiegend vegetarisch, das heißt mineralstoffreich ernährt, kommt
Osteoporose dagegen nur selten vor, auch nach den Wechseljahren.

Milch ist ohnehin viel weniger wertvoll, als allgemein angenommen
und eingetrichtert wird. Würde man ein Kalb mit der Milch füttern, die
wir von den Fabriken bekommen, so würde es innerhalb weniger Wochen sehr krank werden. Um es genau auszudrücken: Sind wir kleine
Kälber? Speziell Kinder brauchen erheblich weniger Milch, als man
glaubt, im besten Fall sogar gar keine. Babys sollten gestillt werden und
können später im Rhythmus der Zahnentwicklung alles essen, was auch
die Erwachsenen zu sich nehmen. Nicht einmal spezielle Babynahrung
ist nötig, wenn wir uns biologisch ernähren.

In welch hohem Maß der Faktor Übersäuerung weithin ignoriert wird,
erkennen Sie am so genannten »Säureschutzmantel der Haut«, von dem
Sie sicher schon gehört haben. Kosmetika versuchen sogar, ihn zu »regu-
lieren« und zu erhalten. Wissenschaftler haben nämlich festgestellt, dass
die Hautoberfläche mit ihren Fetten und dem Schweiß immer mehr oder
weniger stark sauer ist, und daraus geschlossen, dass dieser saure pH-
Wert »normal« ist. Das ist, als ob Wissenschaftler die Atmungsorgane

von Bergarbeitern in Kohlenbergwerken untersuchen, um dann zu verkünden, was eine »normale« Lunge ist.

Das geht so weit, dass manche Menschen wirklich gute Kosmetik nicht mehr vertragen, weil die basische Zusammensetzung die Haut zum Reagieren und Entgiften reizt. Rötungen und dergleichen werden dann als Zeichen des »Nichtvertragens« gewertet.

Der pH-Wert im Embryofruchtwasser ist stark basisch, nämlich 8,5. Und was ist schöner und gesünder als die Haut eines Neugeborenen? Die Körperpflege vergangener Jahrhunderte war immer basisch. Die heutige saure Körperpflege, die als angeblich »pH-neutral« deklariert wird, verdrängt die bisherige, basische Pflege. Noch 1980 stand in der Werbung die Bezeichnung »pH-hautneutral« für einen pH-Wert von 6,5. Heute ist die Kosmetikindustrie zum Großteil schon bei einem pH-Wert von 5,0 angelangt, was in der Praxis bedeutet, dass die Säurekonzentration auf mehr als das Zehnfache angestiegen ist. Wie sauer muss der Körper innen sein, um ihn außen so sauer zu machen?

Was geschieht nun, wenn der Körper die Schlackensalze auf Grund ihrer schieren Menge, die wir als Teil unserer Alltagsnahrung zu uns nehmen, nicht mehr loswerden kann?

Die Nieren beispielsweise können nämlich saure Flüssigkeiten unterhalb eines bestimmten Ph-Wertes nicht mehr ausscheiden. In diesem Fall muss der Körper sie auf andere Weise vorübergehend oder dauernd unschädlich machen.

Wieder reagiert jeder anders. Manche Menschen besitzen einen solch wunderbaren Stoffwechsel, dass sie fast alle Gifte und Schlacken schnell wieder absondern und gesund bleiben, unabhängig davon, was und wieviel sie essen. Das ist die große Ausnahme, wie Sie aus eigener Erfahrung sicherlich wissen. In der Regel werden die Schlacken bei »Überangebot« in unterschiedliche Depots verfrachtet, wo sie darauf warten, aufgelöst zu werden.

Welche Speicher das sind, auch das ist individuell verschieden. Bei

Frauen oftmals die Oberschenkel, wo sie die »Orangenhaut« bilden, generell aber auch die Gallen-, Blasen- und Nierensteine, als rheumatisch veränderte Gelenkverbindungen, als Gichtablagerungen, im Zahnstein, in Altersflecken, Arthrosen, Gelenkverkalkung usw. Wobei Herzinfarkt und Schlaganfall nur die Folgen der immer weiter fortschreitenden Ablagerung sind.

Das Bindegewebe dient unter anderem als Säurespeicher und hilft, die gefährliche Überflutung des Körpers mit Säuren zu verhindern. Bei allen chronischen Krankheiten wie Rheuma, Krebs, Arteriosklerose und Gelenkentzündungen ist der Bindegewebsstoffwechsel geschädigt oder blockiert. Das Bindegewebe darf deshalb nicht ständig überlastet werden, weil es eine Schlüsselrolle bei Stoffwechsel und Versorgung aller Organe und für die Immunabwehr spielt.

Apropos Orangenhaut: Sogar Spitzensportlerinnen leiden oftmals unter Zellulitis, weil ihnen diese Zusammenhänge nicht bekannt sind. Bei ihrem Training fällt häufig eine solche Säuremenge an, dass der Körper sie nicht mehr über die Menstruation und die ausleitenden Organe abbauen kann, sondern speichern *muss!*

Wer Probleme mit Orangenhaut an Hüfte und Oberschenkeln hat, braucht Unterstützung fürs Bindegewebe und den Muskelstoffwechsel. Symptombekämpfung ist zwar immer sinnlos, doch hier wohl am allermeisten. Das Übel muss an der Wurzel gepackt werden, und die versteckt sich gewiss nicht in irgendeinem Erbfaktor. Lassen Sie sich das niemals einreden. Nichts auf der Welt ist ausschließlich durch die Gene vererbt. Natürlich kann sich darin ein Teil der Ursache verbergen, aber selbst das wäre kein Grund zur Resignation. Gehen Sie alle anderen möglichen Ursachen an, und der Erfolg kann so durchschlagend sein, dass Sie keine Veranlassung mehr haben werden, Ihren Vorfahren zu grollen.

Das Grundübel bei Orangenhaut ist ein kleiner Teufelskreis, der durchbrochen werden muss: Wenn sich zu viele Giftstoffe im Gewebe ablagern, setzt man leichter Fett an. Fettablagerung wiederum ist ein Hauptverursacher von schwachem Bindegewebe. Übrigens, nur Frauen bekommen Orangenhaut. Wenn Männer im gleichen Teufelskreis stecken, dann zeigt er sich in einer hohen Stirn oder »Geheimratsecken«, wie man so schön sagt.

Setzen Sie an den Anfang aller Maßnahmen gegen Zellulitis die für Ihren Typ (Alpha oder Omega?) passende, vollwertige Ernährung (siehe auch *Alles erlaubt!*). Versuchen Sie gleichzeitig, über einen längeren Zeitraum besonders viel Vitamin E aufzunehmen, etwa in Form von Getreidekeimlingen, Weizenkeimöl, Distelöl, Leinöl, Mais, Erdnüssen, Kressearten, Hafer oder Vollkornbrot. Die beste Zeit dafür ist der zunehmende Mond, weil der Körper dann alles Zugeführte besonders gut aufnimmt.

Beginnend mit Vollmond massieren Sie anschließend bei abnehmendem Mond 14 Tage lang die Problemzone mit gutem Entschlackungsöl, ab Neumond dann die gleiche Zeit mit Gewebestrafföl. Die Zufuhr von genügend Vitaminen und Mineralstoffen, besonders Vitamin E, sollte auch später nie aufhören, aber die intensive Behandlung der Oberschenkel kann dann in größeren Abständen erfolgen. An Schütze-Tagen sollten Sie sie jedoch nie versäumen. Der Erfolg dieser einfachen und natürlichen Maßnahmen zusammen mit der Mondgymnastik ist verblüffend.

Zurück zur Schlackenbildung: Am stärksten kommt es zur Deponierung der Abfallstoffe dort, wo die vom Herzen am weitesten entfernten Regionen des Körpers liegen oder wo kühlere Temperaturen herrschen (Krampfadern sind eine direkte Folge von Übersäuerung). Oder dort, wo die Seele belastet ist und sich ein Körperorgan erwählt, um ein »Sprachrohr« für ihre Not zu finden. Leicht schmerzende Finger- oder Zehengelenke, kalte Füße und Hände sind deshalb ein brauchbares Warnsignal und sagen Ihnen fast immer: »Ändere deine Ernährungsgewohnheiten.«

Gibt es eigentlich Unterschiede zwischen Mann und Frau, was die Entgiftung betrifft?

Eine der Ursachen, warum Frauen generell eine höhere Lebenserwartung haben, beruht darauf, dass durch die Menstruation allmonatlich eine wirksame Entgiftung stattfindet, bis zu den Wechseljahren.

Hier verbirgt sich auch der Grund, warum Frauen in der Schwangerschaft oftmals plötzlich unter Akne, Haarausfall, Krampfadern, Hämorrhoiden, Schwangerschaftsstreifen usw. zu leiden haben. Erstens findet die monatliche Entgiftung nicht mehr statt, zweitens unternimmt der Körper alle Anstrengungen, dem Baby eine giftfreie Umgebung und Reifung zu ermöglichen.

Dass dies heute nicht mehr so gut wie früher gelingt, mit Babys, die teilweise schon als Allergiker geboren werden, liegt an der »Normalkost« von heute. Und eben daran, dass es an Aufklärung über den Stoffwechsel und den Säure-Basen-Haushalt des Blutes mangelt. (Die Antibabypille beeinträchtigt übrigens die Entgiftungskraft des Körpers in starkem Maße.) Umso verheerender wirkt sich als Folge der mangelnden Aufklärung aus, dass manche Frauen in der Schwangerschaft noch weniger auf ihre Ernährung achten, nach dem Motto: »Jetzt kann ich mir ein bisschen Übergewicht ja leisten. Das hungere ich später wieder runter.«

Männer müssen sich im Gegensatz zu Frauen gleichsam augenblicklich um Gifte und Säuren kümmern, weil es ihnen an der entgiftenden Menstruation mangelt. Die »Herren der Schöpfung« sind das natürlich gewöhnt, aber deshalb ist ihre Lebenserwartung dennoch um einiges niedriger. Bei ihnen bildet übrigens der mineralienreiche Haarboden die Entgiftungsfeuerwehr, deshalb beginnt auch schon nach 20 bis 30 Jahren der Haarausfall, während bei Frauen normalerweise erst das 70. bis 75. Lebensjahr den Haarschwund einläutet. Mineralstoffmangel kann explosionsartig auftreten durch starke Übersäuerung und Vergiftung, wobei auch seelische Gründe manchmal eine Rolle spielen. Haare können buchstäblich über Nacht ergrauen und in kurzer Zeit ganz ausfallen, wie wir selbst im Verwandtenkreis erlebt haben.

Was können wir im Alltag tun, um von vornherein dieser alltäglichen Übersäuerung zu entgehen?

191

Etliche Tipps hierzu folgen noch auf den nächsten Seiten, aber eine kleine Zusammenfassung ist sicher nach so viel Information über den Stand der Dinge hilfreich. Uns ist die Suche nach Alternativen anfangs auch schwer gefallen, aber heute haben wir es geschafft.

- *Legen Sie das Hauptgewicht Ihrer Ernährung auf mineralstoffreiche, Basen bildende Kost – viel biologisches Gemüse, Obst, Kartoffeln, Kräutertees, Quellwasser. Wichtig: Alles Gemüse und Obst muss sonnenreif sein. Unreife oder zwangsgereifte Produkte wirken teilweise stark säuernd. Grüner Tee, Kräutertees und Quellwasser sind ebenfalls Basen bildend, desgleichen bittere Heilkräuter wie etwa das Tausendgüldenkraut, Schafgarbe, Löwenzahn und dergleichen mehr. Lassen Sie sich im Bioladen beraten, es gibt seit kurzer Zeit auch gute Bücher zum Thema.*

- *Meiden Sie im Lauf der Zeit immer mehr Säure bildende Nahrungsmittel, beispielsweise geröstete Nüsse, Weizenmehl, Milchprodukte, polierten Reis. Starke Säurebildner sind Schmelzkäse und Fleisch, die stärksten überhaupt sind Fleischextrakt, Brühwürfel und Backhefe! Wenn Sie das nicht gerne hören – vielleicht ist diese Information von Interesse: Im Altertum gab es im Orient eine besondere Form der Todesstrafe: Man verabreichte Verurteilten nur gekochtes Muskelfleisch, damals wie heute das minderwertigste Fleisch. Nach etwa sechs Wochen trat der Tod ein – durch Übersäuerung.*
  Alkohol, weißer Zucker und mit weißem Zucker hergestellte Süßigkeiten, Colagetränke, Kaffee und schwarzer Tee, auch kohlensäurehaltige Mineralwasser, auf Dauer getrunken, sind Säure bildend. Interessant ist, dass biologische Vollwertkost mit einem hohen Anteil von Milchprodukten und Nüssen ebenfalls sauer macht.

- *Ernähren Sie sich einmal im Monat eine ganze Woche lang frei von tierischem Eiweiß – kein Fleisch, kein Fisch, keine Milchprodukte. Wir haben es ausprobiert, und es funktioniert wunderbar. Köstliche Rezepte für diese »vegane« Ernährungsweise gibt es zahllose – und Ihrer Kreativität sind keine Grenzen gesetzt!*

- *In manchen Situationen kommen Sie möglicherweise nicht ganz ohne Nahrungsergänzungsmittel aus, um dem Körper zuzuführen, was er braucht – vielleicht weil der nächste Bioladen einfach zu weit weg ist. Wir sind solchen Produkten immer eher skeptisch gegenübergestanden, können Ihnen aber heute ein gutes weiterempfehlen. Schreiben Sie uns, wenn Sie daran interessiert sind.*

- *Und schließlich und vielleicht am wichtigsten: Trinken Sie lebendiges Wasser! Trinken Sie jede Menge! Trinken Sie, so viel Sie können! Und erfahren Sie darüber etwas mehr auf den nächsten Seiten.*

Keine Angst, wenn Sie den sauren Geschmack verschiedenster Nahrungsmittel lieben! Nicht jedes saure Lebensmittel macht auch das Blut sauer. Es kommt darauf an, wie der Stoffwechsel damit umgeht. Die saure Zitrone beispielsweise hat im Körper eine Basen bildende Wirkung.

Andererseits kann sogar ein gutes, Basen bildendes Lebensmittel nicht basisch *wirken*, wenn es im Darm auf Gärungs- oder Fäulnisvorgänge trifft, beispielsweise nach Genuss von Eiern, Schweinefleisch, Rohkost und Salat am Abend usw. Zur Basen bildenden Ernährungsweise gehört deshalb auch das Einhalten gewisser »Trennkostregeln«. Mengen an Mehl- und eiweißhaltigen Speisen sollten nicht gleichzeitig verzehrt werden, um giftige Zersetzungsprozesse in Magen und Darm zu vermeiden.

Vielleicht setzt sich jetzt bei Ihnen das Gefühl durch, dass als Folge einer Übersäuerung Dinge geschehen wie auch beim ganz »normalen« Alterungsprozess: Haar- und Zahnausfall, Hautalterung usw. Sie haben Recht. Und gleichzeitig erfahren Sie nun, was Sie neben der Ernährung mit basischer Kost noch tun können, um diesen Prozess in natürliche Bahnen zu lenken. All dieser Mineralstoffraub wäre nämlich nicht nötig.

Die Guten ins Töpfchen, die Schlechten ins Kröpfchen – möglichst echte Lebensmittel und gutes Wasser aufnehmen, das Brauchbare vom Unbrauchbaren scheiden, mit Hilfe lebensnotwendiger Mineral- und Ballaststoffe das Unbrauchbare entsorgen – ein harmonisches Gleichgewicht.

In erster Linie gibt es also zwei Gründe, warum der Körper mit Schlacken nicht mehr auf natürlichem Weg fertig wird und sie folglich ausscheidet, sondern in Depots zwischenlagern muss:

- Erstens kann es *zu viele* Schlacken geben. Die schiere Menge macht's. Leber, Haut, Galle, Nieren und Blase – alle diese Organe können nur soundso viel tun, soundso viel entgiften und ausscheiden. Schon der tägliche Verzehr von geringen Mengen weißem Zucker und Fleisch kann bei manchen Menschen das System überfordern und zum Ansatz von Schlacken, zu Gallensteinen (kristallisierten Schlacken), Rheuma, Zellulitis usw. führen.
- Zweitens trinken wir zu wenig!

Lassen Sie uns ein wenig ausholen, weil die Sache mit dem Trinken ungeheuer wichtig und ebenso einfach ist. Leider sind Dinge oftmals zu simpel, als dass man sie sehen könnte. Sprechen wir zuerst noch einmal vom Ausscheiden des Unbrauchbaren, vom Entsäuern und Entgiften.

3. Loswerden, was belastet – Hilfen zur Entgiftung

Viel ist schon geschrieben und gesagt worden zum Thema »Entschlackung«, Entgiftung, Ausleitung – auch in unserem Buch *Alles erlaubt! Ernährung, Körperpflege, Schönheit – zum richtigen Zeitpunkt.* Aber viel zu selten steht eine Arznei im Mittelpunkt, die von enormer Heilkraft und obendrein fast überall verfügbar ist.

Wasser marsch!

Angenommen, ein vertrauenswürdiger Mensch kommt zu Ihnen und bietet Ihnen eine Medizin an, die einen großen Teil aller körperlichen Probleme, Störungen und Krankheiten lindern, heilen und ihnen vorbeugen kann. Was würden Sie für einen Liter dieser Medizin bezahlen? Was wäre Ihnen das besondere Elixier wert?

Viele Märchen, Mythen und Sagen aus allen Kulturen erzählen von einem geheimnisvollen Jungbrunnen, von einem »Wasser des Lebens«, von einer Quelle ewiger Jugend. So überzeugend wirkten manche dieser Mythen, dass sich sogar schon Expeditionen in unwegsame Dschungel gewagt haben, auf der Suche nach diesem Wundermittel.

Dabei müsste niemand weit reisen, um das Elixier zu finden, so viel wissen wir heute. Und es kostet fast nichts, zumindest heute noch nicht. Es fließt aus Ihrer Wasserleitung und nennt sich – *Trinkwasser.*

Noch ist es durch nichts zu übertreffen. Nicht durch Mineralwasser aus großen Tiefen. Nicht durch Fruchtsäfte, Tees usw. Auch nicht durch Entschlackungstees!

Kräutertees wie etwa Brennnesseltee geben dem Körper die nötige *Information*, um die Schlackendepots »anzuknabbern« und aufzulösen. Sie geben ihm gleichsam das Vertrauen und die Gebrauchsanleitung, lösend tätig zu werden. Das Beförderungsmittel für diese gelösten Stoffe aber ist Wasser, nur von ihm können die Schlacken abtransportiert werden. Die Grundregel zum richtigen Zeitpunkt lautet hier:

Entgiftung und Entschlackung gelingen bei abnehmendem Mond viel besser als bei zunehmendem Mond. Sie sind nur dann erfolgreich, wenn der Körper genügend lebendiges Wasser erhält. Zusammen mit jedem Entschlackungstee sollten Sie die gleiche Menge Trinkwasser zu sich nehmen. Noch besser wäre sogar die doppelte Menge.

»Ja, aber ein Entschlackungstee besteht ja selbst zum größten Teil aus Wasser. Genügt das nicht?«, könnten Sie jetzt einwenden.

Das stimmt. Die Information, die den Tee begleitet, ist jedoch anders. Unser Körper reagiert auf Information in ähnlicher Weise, wie aus einem Radio nur dann Musik ertönt, wenn irgendwo ein Sender steht. Entschlackungstees geben die Information: »Löse das Überflüssige« – Wasser gibt die Anweisung: »Transportiere das Überflüssige hinaus.«* Lösung und Abtransport sind zwei verschiedene Aufgaben.

Trinkwasser ist also der zweite Grund für Schlackendepots in unserem Körper, oder genauer: *das Zuwenig an Trinkwasser!* Trinken wir zu wenig, verliert der Körper das Vertrauen in uns. Er kann das Überflüssige und Schädliche im Körper nicht mehr in Lösung halten und dann rechtzeitig ausscheiden. Und auf die Verwendung von Zellwasser greift er nur im äußersten Notfall zurück. Er speichert dann Wasser, um es im rechten Moment für seine wichtigsten Stoffwechselvorgänge abzurufen beziehungsweise um Vorräte zur lebensnotwendigen Säureverdünnung anzulegen. Deshalb bilden sich Ödeme, dicke Knie usw. Und er lagert ungelöste Schlacken in unterschiedlichster Weise – von Gichtkristallen

---

* Wie »Information« hier genau zu verstehen ist, können Sie in unserem Buch *Alles erlaubt!* nachlesen (ab Seite 79).

über Gallensteine bis zur Orangenhaut – als Notwehrreaktion ab, um sich nicht zu verätzen.

Die Regel Nummer eins lautet also, wenn es um Entgiftung und Ausleitung geht: Viel Wasser trinken! In jedem Alter und selbst dann, wenn kein gutes Wasser zur Verfügung steht.

Was aber ist gutes Wasser, und welche Wege stehen Ihnen offen, um an gutes Wasser zu gelangen?

Bestes Wasser ist mineralienarm. Werbewirksam vermarktete Mineralien aus Mineralwässern lassen sich zum weit überwiegenden Teil nicht vom Körper verwerten, da sie anorganisch und biophysikalisch tot sind – es handelt sich um gelöste Steine. Sie müssen wieder durch die Nieren verschwinden oder als Schlacken im Körper gelagert werden.

Leitungswasser zu trinken ist fast immer sinnvoller, als sich kohlensäurehaltiges Mineralwasser einzuverleiben, und es ist oftmals besser, als im Handel erhältliche stille, mineralienarme Wasser zu verwenden.

Wir brauchen nämlich *lebendiges* Wasser.

Es wird der Tag kommen, an dem der erste Lebensmittel-*Physiker* seinen ehrenwerten Beruf ausübt. Der Lebensmittel-Chemiker kennt die Stoffe und die Zusammensetzung unserer Nahrung und beurteilt ihre Qualität danach. Der Lebensmittel-Physiker hat die Möglichkeit, einen Teil dessen zu erfahren, was ihre *Lebendigkeit* ausmacht.

Chemiker und Biologen waren es, die das heilige Wasser von Lourdes untersuchten und »nichts Besonderes« darin fanden. Es sei nicht anders als das Wasser beliebiger Quellen im nahen Umkreis. Dem Physiker steht ein anderer Weg zur Verfügung, um wenigstens damit zu beginnen, solches und anderes Wasser in seiner Qualität abschätzen zu können. Er hat den Unterschied messen können. Mit ihm natürlich auch die Millionen von Menschen in aller Welt, denen durch solches Wasser das Leben gerettet worden ist.

Sie wissen vielleicht, dass nicht eine einzige Schneeflocke der anderen gleicht – eines der großen Wunder der Natur. Ein japanischer Physiker fragte sich kürzlich: »Was geschieht, wenn ich eine beliebige Schneeflocke im luftleeren Raum schmelze und danach wieder einfriere?« Die Antwort auf seine Frage verblüffte über die Maßen: Zuerst taute er die Schneeflocke auf – es bildete sich ein winziger kugelrunder Wassertropfen. Dann, während der Wassertropfen wieder einfror, entstand genau die gleiche Schneeflocke wie zuvor.

Meditieren Sie ein wenig über diese Tatsache.

Wasser hat ein Gedächtnis. Es lässt sich »informieren« wie kaum ein anderer Naturstoff. Das Wasser, das freiwillig an die Oberfläche tritt, ist reifes Wasser, lebendiges Wasser. Ihm wohnt eine besondere Energie inne, eine Schwingung, die wir dringend brauchen, damit es in unserem Körper seine lebenswichtige Arbeit leisten kann. Wasser, aus großen Tiefen gepumpt (wie die allermeisten Mineral- und Trinkwässer) ist noch nicht voll entwickelt. Es ist weniger lebendig als Quellwasser.

Wasser ist der wichtigste Informationsträger auf der Erde. Warum in der Badewanne aus Leibeskräften gesungen wird, hängt mit dieser besonderen Fähigkeit des Wassers zusammen: Es nimmt uns eine Last von der Schulter, wenn wir es wünschen. Es inspiriert uns zu neuen Taten und Ideen. Was bedeutet »inspirieren?« Es bedeutet »informiert werden«. Die Inspiration des Künstlers ist seine Fähigkeit, sich *lebendige Information* zu holen, aus welcher Quelle auch immer.

Wasser kann *lebendige Information* tragen und senden. Viele besondere Quellen in aller Welt bezeugen, was *lebendige Information* für Wasser bedeuten kann. Manche von ihnen sind zu weltbekannten Wallfahrtsorten geworden, so groß ist die Heilkraft *lebendig informierten* Wassers. Unsere eigene Kosmetikserie (siehe ab Seite 223) enthält solches lebendiges Wasser.

»Über sieben Steine muss Wasser laufen, um sauber zu werden« – das beste und für uns Menschen gedachte Wasser entstammt Quellen, die von selbst zur Oberfläche gelangen. Das Wasser hat den nötigen Reifeprozess hinter sich und ist sauber und lebendig geworden, hat sich selbst gereinigt und trägt *lebendige Information*. Grundwasser dagegen ist noch ein wenig zu früh geholt, gleichsam eine »Frühgeburt«, die noch nicht alle Lebenskraft enthält, welche der Mensch im Wasser braucht. Die Natur hat es nicht ohne Grund noch nicht freigegeben. Viele Mineralwässer sind sogar regelrecht tot; den eigenen Flüssigkeitsbedarf ausschließlich mit ihnen zu decken, schwächt langfristig unsere Abwehrkräfte, gleichgültig wie viele »gesunde« Stoffe sie enthalten.

Nur wenige von uns haben jedoch das Glück, sauberes und energetisch hochwertiges, lebendiges Quellwasser direkt aus dem Wasserhahn zapfen zu können. Um diesen Mangel auszugleichen, gibt es verschiedene, mehr oder weniger wirksame, mehr oder weniger preisgünstige Wege (so etwa Grander-Geräte). Als eine preiswerte und dennoch gut funktionierende Erste-Hilfe-Maßnahme können wir Ihnen das Mineral Magnetit empfehlen. Als Heilstein fördert der Magnetit die Unterscheidungskraft zwischen Brauchbarem und Überflüssigem und ist ein besonders guter Informationsträger. Einfach in eine Karaffe mit Wasser legen, das Wasser immer wieder aus der Leitung nachfüllen – und schon haben Sie ständig sehr gut belebtes Wasser zur Verfügung, auch auf Reisen. In unserem Versand können Sie diesen Stein erwerben.

Was aber, wenn ich kein Durstgefühl entwickle?

Ein seltsamer Zusammenhang ist hier zu erwähnen: Je dringender der Körper des Wassers bedarf, desto häufiger kommt es vor, dass man keinen Durst empfindet! Besonders ältere Menschen sind davon betroffen, was gerade bei ihnen unangenehme Auswirkungen hat.

Eine kleine Parabel vom Automobil (Folge 11)

Jeder Autofahrer und jeder Radfahrer weiß, dass sich rostige Schrauben manchmal richtig dagegen sperren, geölt zu werden – zum eigenen

Schaden. Als ob diese Stelle am Fahrzeug das Vertrauen verloren hätte, gut gepflegt zu werden.

(Fortsetzung folgt)

In erster Linie ist dieser Mangel an Gespür für das notwendige Maß die Folge erlernter oder andressierter Denkmuster, beispielsweise:

»Ich trinke nur, wenn ich Durst habe.« – »Ich trinke nur zum Essen.« – »Ich will nicht so oft auf die Toilette müssen, weil ich eine lange Autofahrt vor mir habe / nachts nicht aufstehen möchte / die Sitzung nicht unterbrechen will usw.« – »Ich trinke lieber weniger, weil mir Schwitzen unangenehm ist.«

Kaum zu glauben, aber Gedanken wie diese bekommt man viel häufiger zu hören, als man annehmen möchte. Vielleicht fällt es Ihnen leichter, sich gesündere Verhaltensweisen anzugewöhnen und zu trinken, was der Becher hält, wenn Sie sich solche Gedankenmuster ins Bewusstsein heben! Haben Sie Geduld mit sich. Der Körper braucht einige Zeit, bis er wieder Vertrauen zu seinem »Besitzer«, zum Kapitän an Bord, fasst. Danach wacht das natürliche Durstgefühl wieder auf.

Noch ein Tipp: Trinken Sie wenn möglich niemals während des Essens, sondern immer nur vorher oder hinterher. Für diesen Rat gibt es viele gute Gründe, der wichtigste ist aber Ihr persönliches Gefühl, wenn Sie ihn befolgen. Beobachten Sie allein nur die Tatsache, welche Essensmengen Ihnen »ausreichend« erscheinen, wenn Sie nichts Flüssiges zum Essen verkonsumieren.

Neben Entschlackungstees, guter Luft, Mondgymnastik zum richtigen Zeitpunkt und Freude am Leben ist also das Trinken von viel lebendigem Wasser von höchster Bedeutung, wenn Sie Ihren Körper von innen säubern wollen.

Es gibt aber noch ein Element, das Beachtung verdient und bisher so sehr vernachlässigt worden ist, dass Sie Mühe haben werden, etwas Genaueres darüber zu erfahren.

Das Salz des Lebens

Eine kleine Quizfrage: Angenommen, man würde den menschlichen Körper in seine kleinsten Bestandteile zerlegen. Aus wie vielen Elementen besteht der *gesunde* Mensch?

Die 10 000-Euro-Antwort lautet: *Vierundachtzig!* 84 Elemente finden sich im Menschen, wenn ein Chemiker den Körper analysieren würde. Von Natrium und Kalium über Kalzium und Stickstoff bis zu Eisen, Selen, Kupfer, Mangan usw.

Folgt sogleich die 100 000-Euro-Frage: Gibt es einen Stoff in der Natur, der ebenfalls diese 84 Elemente enthält, aber nicht mehr und nicht weniger? Und wenn es ihn gibt: Müsste ein solcher Stoff nicht ein ideales Lebensmittel darstellen?

Kaum vorstellbar, aber eine solche Substanz existiert.

Es ist *unbehandeltes Meersalz!*

Hätten Sie's gewusst? Ein weiteres Wunder ist, dass diese 84 Elemente im Meerwasser im genau gleichen Mengenverhältnis vorhanden sind wie im Blut!

Das Meer ist es also, das uns Menschen ein unschätzbar wertvolles Geschenk macht, ein in sich komplettes Lebensmittel im wahrsten Sinne des Wortes – ein Mittel zum Leben. Salze sind für die Kommunikation im Körper (Nerven, elektrische Impulse) sowie für die Zellversorgung und -reinigung unverzichtbar, und für viele weitere Abläufe im Körper ebenfalls. Es gibt sogar Menschen, die sich nur von Wasser ernähren, dem ein wenig von diesem Salz beigegeben ist …

Ja, es ist nur schade, dass Sie heute lange suchen müssen, um solches Salz irgendwo kaufen zu können!

Das Salz unserer Läden und Supermärkte ist nämlich kein Salz – es ist die Chemikalie Natriumchlorid, fast immer kombiniert mit der Chemikalie Aluminiumsilikat als »Rieselhilfe«, ein »hochreines« Produkt und damit für unseren Körper – wie fast alle hochreinen Produkte – nicht gut verwertbar.

Beides wirkt als starkes Nervengift, wenn man mit der Dosierung nur ein wenig übertreibt. Schon ein Esslöffel voll tötet sofort. Die »normale« Dosis von etwa 12 bis 15 Gramm täglich, die wir durchschnittlich zu uns nehmen, schädigt auf Dauer. Im Meersalz dagegen ergeben Natriumchlorid und all die anderen Mineralien ein komplettes Ganzes, bei dem ein kleines Zuviel nicht schadet.

Das hochwertigste Salz für uns Menschen findet man deshalb heute in kristalliner Form in Bergwerken, in denen das Salz ausgetrockneter Urmeere gewonnen wird. Man nannte früher das Kristallsalz aus dem Berg Kaiser- oder Königssalz, weil es so wertvoll und teuer war. Solches Kristallsalz war seit etwa 100 Jahren nicht mehr im Handel – bis heute. Unbehandeltes Meersalz, durch Verdampfen aus dem heutigen Meerwasser gewonnen, trägt schon so viele Schadstoffinformationen, dass man es auch nicht mehr ruhigen Gewissens genießen kann.

Würde man das normale Salz aus dem Supermarkt an Tiere verfüttern, so würden sie in kurzer Zeit sehr krank werden. Deshalb gab und gibt es auch das »Viehsalz«, das Salz, das noch alles Leben enthält und früher das normale Salz war. Das berühmte »Salz der Könige«, das »Salz des Lebens« – das ist lebendiges, unraffiniertes Kristallsalz.

Wie konnte es dazu kommen, dass man uns heute pures Natriumchlorid verkauft, eine Laborchemikalie? Wo bleiben die anderen 82 Elemente?

Dafür gibt es eine logische Erklärung: 93 bis 94 Prozent allen produzierten Salzes werden an die chemische Industrie verkauft, in erster Linie zur Chlorgewinnung, aber auch zum Extrahieren anderer Elemente aus dem Salz. Sie braucht dazu möglichst reines Natriumchlorid. Fast der gesamte Rest wird zum *Konservieren* von Lebensmitteln verwendet, weil Natriumchlorid als aggressiver Stoff hierzu sehr gut geeignet ist, wie seit Jahrtausenden bekannt. Logischerweise kauft die Nahrungsmittelindustrie das dafür am besten verwertbare und billigste Salz, und das ist nun einmal das industriell gefertigte Natriumchlorid.

Nicht einmal ein halbes Prozent der gesamten Welt-Salzproduktion wird in Restaurants und Haushalten verbraucht!

Wussten Sie, dass Fertignahrungsmittel in der Regel 25-mal mehr Natriumchlorid enthalten, als Sie zum Würzen frischer Lebensmittel verwenden würden? Ob Konserve oder Wurst: Überall ist es in Mengen drin.

Nehmen Sie einmal eine genaue Waage zu Hilfe und schütten Sie neun Gramm Salz drauf. Betrachten Sie das kleine Häufchen, und denken Sie daran, dass der Mensch täglich nicht mehr zu sich nehmen sollte (Ausnahme: viel Schwitzen und große Anstrengungen).

Kristallsalz enthält alle 84 Elemente in vom Menschen voll verwertbarer Form und im richtigen Mengenverhältnis untereinander. Die Kristalle sind so klein, dass dadurch das einzelne Element in die Körperzelle eindringen kann. So werden Stoffwechselrückstände und Schlacken gelöst und die Zellen versorgt. Kristallsalz ist zum Entgiften des Körpers ideal.

Unsere Empfehlung in diesem Kapitel: Verwenden Sie ab jetzt unraffiniertes Kristallsalz. Verwenden Sie generell nichts, das mit der Bezeichnung »raffiniert« versehen ist. Raffinierte Dinge kommen von raffinierten Menschen.

Fragen Sie in Ihren Bioläden nach Kristallsalz. Oder schreiben Sie uns, wir bemühen uns derzeit um einen preisgünstigen Hersteller, um dessen Produkt in unserem Versand anbieten zu können. Und wundern Sie sich nicht über den Preis dieses Salzes. Kristallsalz kommt zu weniger als einem Prozent der Gesamtsalzmenge in einem Bergwerk vor. Dort findet man die Salzrückstände von Ozeanen, die vor Millionen Jahren ausgetrocknet sind. Dieses Salz kann nur von Hand abgebaut werden, da es in Form kristalliner Adern im Normalsalz vorhanden ist; es muss in Handarbeit herausgemeißelt werden. Bedenken Sie, dass man normalerweise mit etwa einem Kilogramm Salz pro Person jährlich auskommt. Eigentlich sind zwei Kilogramm nötig, aber wenn Sie das »versteckte« Salz aus Fertiggerichten usw. hinzurechnen, genügt es, ein Kilogramm hinzuzukaufen.

An dieser Stelle soll noch einmal der Unterschied zwischen Chemie und Physik verdeutlicht werden. Die Chemie untersucht die Inhaltsstoffe und deren Mengen, die Physik deren Wertigkeit durch Schwingungsverhalten und -intensität, mit anderen Worten: einen Teil dessen, was *Lebendigkeit* ausmacht. Würde ein Tier eine Minute nach seinem Tod untersucht, so käme der Chemiker zum Ergebnis, dass absolut alles in Ordnung ist. Alles Nötige ist da.

Der Physiker jedoch misst Zell-, Gehirn-, Herz- und Nervenströme und schwache Lichtstrahlungen und gelangt zu einem anderen Resultat.

Wer hat Recht? Beide.

Nur ist das Ergebnis des einen ohne jenes des anderen irreführend.

Der Unterschied in der Betrachtungsweise gilt für vieles in der heutigen Wissenschaft, und besonders gravierende Auswirkungen hat er in Ernährungswissenschaft, Landwirtschaft, Medizin und Biologie. In all diesen Forschungsbereichen könnten Physiker viel gültigere Aussagen über Lebenskraft und Gesundheitswert von Nahrungsmitteln, Medikamenten, Kräutern usw. machen als Chemiker. Aber das ist Zukunftsmusik. Noch müssen wir unter dem Diktat einer einzigen Sichtweise der Natur leiden.

Auf jeder Lebensmittelpackung beispielsweise sind die Inhaltsstoffe aufgelistet. Da können Sie lesen, wie hoch beispielsweise der Zuckeranteil ist. Das ist die chemische Analyse, eine reine Mengenangabe. Aber wie steht es mit der Qualität, mit der Lebenskraft? Was für ein Zucker ist es: raffinierter, weißer, wertloser Zucker oder hochwertiger, mineralstoffreicher Rohrzucker?

Sie können sich darauf verlassen: Kristallsalz besitzt höchste Lebenskraft, da es biophysikalisch höchstwertig ist. »Kristall« bedeutet, dass es in geordneter Geometrie vorkommt (anders als gewöhnliches, selbst naturbelassenes Salz) und diese Ordnungsinformation an den Körper weitergibt. Es gelangt ohne jede Umweltverschmutzung in den Handel. Der Geschmack des Kristallsalzes ist zudem etwas Besonderes, nicht aggressiv und viel vollmundiger als gewöhnlich.

Neben der Anwendung als Ersatz für Natriumchlorid können Sie Kristallsalz auch noch anderweitig verwenden.

• Es ist ideal zum Zähneputzen! Das Salz pflegt die Zähne und löst Zahnstein. Ebenso geeignet ist es zur Pflege von angegriffenem Zahnfleisch.
• Nasenspülungen mit Salzlösung sind äußerst wirksam: Der Geruchssinn wird schärfer. Für akute und chronische Beschwerden wie Schnupfen, Heuschnupfen, Nebenhöhlenbeschwerden sind sie bestens geeignet, auch zur Anwendung mehrfach täglich.

Eine Salzlösung setzen Sie so an: Auf einen Liter Wasser verwenden Sie 9 Gramm Salz, was der Konzentration von Salz im Körper entspricht. Diese Lösung ist wirklich universell einsetzbar, beispielsweise für Inhalationen, Augen- (in der Apotheke eine gläserne Spülwanne besorgen und die Augen mehrfach täglich spülen) und Wundspülungen (auch bei Brandwunden).

Erstaunliche Resultate lassen sich manchmal innerhalb kurzer Zeit erzielen, manch andere dauern allerdings, weil jahrelange Versäumnisse nicht über Nacht korrigiert werden können, beispielsweise:

• Gewichtsverringerung, weil Hungergefühle nachlasssen. Heißhungeranfälle ebenfalls, da das Salz genau jene Mineralien enthält, die sie auslösen. Viele Menschen sind deshalb so übergewichtig, weil sie auf der instinktiven Suche nach echten Lebensmitteln zu viel und falsch essen.
• Die Lust auf »Genussmittel« und Ersatzstoffe wie Alkohol und Tabak lässt nach. Das allgemeine Befinden und die Widerstandskraft steigen spürbar. Die Verdauungsvorgänge verbessern sich.
• Sie können Ihren Sport treiben ohne Müdigkeit, Leistungsabfall und Muskelkater. Die Stressbelastbarkeit erhöht sich merklich (Stress ist bekanntlich Mineralienräuber Nummer eins).
• Viele Körperfunktionen normalisieren sich. Auch der Geschmackssinn erholt sich allmählich.

- *Und am wichtigsten im Zusammenhang mit diesem Kapitel: Gutes Salz wirkt stark entgiftend und schlackenlösend (auch bei Ablagerungen in Gelenken und Arterien). Bitte denken Sie immer daran, dass die Entgiftung während des abnehmenden Mondes wesentlich stärker ist. Bei zunehmendem Mond baut der Körper auf.*

Echtes Kristallsalz ist ein wahres Lebenselixier: Das Licht in Körper und Geist geht wieder an. Schon kurze Zeit nach der Einnahme beginnt die Entgiftung, die allerdings je nach Verschlackungsgrad einige Zeit dauern kann.

Viel Wasser trinken und gutes Salz – Sie haben nun diese beiden wichtigen Elemente einer wirksamen Entgiftung kennen gelernt. Noch einmal: Entgiftung geschieht erheblich leichter und intensiver bei abnehmendem Mond.

Wir haben uns also bemüht, den Körper zu reinigen – sprechen wir zum Schluss ein wenig über das, was an die Stelle der leeren Zivilisationskost treten sollte: als zweiter Pfeiler gesunder Ernährung neben einer wirksamen Entgiftung, als zweiter Schritt nach einer gründlichen inneren Reinigung.

4. Hereinlassen, was Leben bringt – Hilfen zur gesunden Ernährung

Sämtliche Grundregeln für die gesunde Ernährung haben wir in unserem Buch *Alles erlaubt!* vorgestellt. Zur Erinnerung oder damit Sie vielleicht Lust auf die Lektüre bekommen, hier noch einmal eine kurze Zusammenfassung. Denn die wirksame Entschlackung ist eine Sache – Sorge zu tragen, dass die Depots nicht wieder aufgefüllt werden und »gutes Benzin getankt« wird, eine andere.

Die erste Grundregel gesunder Ernährung...

... ist die wichtigste. Sie lautet: *Es gibt keine.* Jeder Mensch ist einzigartig. Diese persönliche Einzigartigkeit zum Erblühen zu bringen, darum geht es uns von Anfang an in unserer Arbeit.

Es wird viel geredet und geschrieben über »gesunde Ernährung«, aber noch immer wird sehr häufig vergessen, dass dieses Thema eine individuelle Angelegenheit ist. Und selbst wenn das bekannt ist, fällt es doch oftmals leichter, »vorgekauten« Patentrezepten zu folgen, als selbst zu entscheiden. Werfen Sie die Ängste endlich über Bord, und verlassen Sie sich mehr auf sich selbst und Ihr Gespür. Genießen Sie, was Sie essen. Wenn es keinen Genuss bringt, essen Sie lieber nichts, trinken Sie ein Glas Wasser und freuen Sie sich auf etwas Gutes.

Wahrer Genuss ohne Reue und schlechtes Gewissen ist eine ungeheuer wichtige Sache, ein zentrales Element guter Gesundheit. Reue und schlechtes Gewissen vergiften den Körper viel stärker, als Fast Food oder Normalkost es könnten. Echter Genuss führt dagegen zu unmissverständlichen Botschaften des Körpers. Wer aufrichtig genießt – ob Verträgliches, Gesundes, Ungesundes –, dessen Körper wird klare Auskunft geben über die *wahre* Qualität des Aufgenommenen. Der Organismus meldet sich mit »Gut« oder »Alarm!«, »Auf geht's!« oder »Müde«. Nach solchen Botschaften lässt sich planen und leben und reagieren. Ein gut behandelter Körper wird zum verlässlichen Freund. Wer mit schlechtem Gewissen isst, dessen Körper wird *immer* rebellieren und das Aufgenommene als ungenießbar, als Last betrachten. Dessen Körper gibt Daueralarm, der zu nichts führt – sogar dann, wenn das Verspeiste von bester Qualität war! Echter Genuss weckt uns auf. Echte Sucht betäubt immer, gleichgültig, wonach man süchtig ist.

Ihr Gespür hat Ihnen sicherlich schon längst gesagt, was an der heutigen Ernährung sinnvoll ist und was nicht. Haben Sie den Mut, diesem Gefühl zu folgen – und werfen Sie die Kalorientabellen weg!

Steigen Sie um auf Bio

Kürzlich wurden sämtliche amerikanischen Tabakkonzerne verurteilt zur Zahlung von Abermilliarden Dollar an durch Rauchen geschädigte Menschen. Das Urteil wurde unter anderem damit begründet, dass die Zigarettenhersteller über Jahrzehnte die schon längst erkannten und belegten Gefahren des Rauchens verharmlost oder verschwiegen hätten.

Man kann nun über dieses Urteil geteilter Meinung sein und beispielsweise den Rauchern etwas mehr Eigenverantwortung auferlegen. Eine Tatsache bleibt aber bestehen: Würde man an die industriellen Hersteller von Nahrungsmitteln, Süßwaren usw. und an die Agrarindustrie heute genau die gleichen juristischen Maßstäbe anlegen wie im Prozess gegen die Tabakhersteller – es wären die zehnfachen Entschädigungssummen fällig. Die meisten von ihnen wären über Nacht bankrott, so sehr haben sie uns Schaden zugefügt. Dessen Ausmaß ist so gigantisch und unfassbar, dass es eigentlich nicht verwundert, wie sehr man sich gemeinhin gegen das Erkennen dieser Tatsache wehrt.

Umso erfreulicher, dass es heute immer mehr Menschen gibt, die sich anders entscheiden – für das Gesunde, Biologische, Natürliche. Für das Regionale, für Produkte aus biologischer Landwirtschaft und artgerechter Tierhaltung.

Sie sind in letzter Zeit umgestiegen auf biologische Kost? Wir beglückwünschen Sie dazu! Es ist ein Zeichen dafür, dass Sie auch die zweite Hälfte des Satzes »Liebe deinen Nächsten wie dich selbst« beherzigen. Ohne die zweite Hälfte ist die erste nicht zu verwirklichen.

Sie sind noch nicht umgestiegen? Vielleicht weil biologische Produkte Ihnen zu teuer sind? Lassen Sie uns einige Worte zum Thema »Preis-Würdigkeit« und Kostenwahrheit verlieren und werfen wir einen Blick auf den Preisunterschied zwischen einer biologisch im Einklang mit den natürlichen Rhythmen der Erde gezogenen Tomate und einer »normalen« Tomate aus dem Supermarkt.

Angenommen, die Biotomate kostet 50 Cents, während die normale mit 40 Cents angeboten wird. Normale Tomaten stammen meist aus Treibhäusern, wo sie in steriler und vergifteter Atmosphäre aufwachsen, künstlich hochgepäppelt mittels chemischer Düngemittel und Pestizide. Mehrkosten für die Beseitigung der Umweltschäden bei der Herstellung und für die Entsorgung der Chemikalien (über Steuern zu bezahlen): 20 Cents.

Meist haben die normalen Tomaten längere Transportwege hinter sich als die Biotomaten vom Bauern in Ihrer Nähe. Addieren wir die Kosten für die Umweltbelastung durch den Transport, durch Straßenabnutzung, Luftverpestung: 10 Cents.

»Normale« Tomaten geben keine Lebenskraft, sie kosten Kraft. Herkömmliches, gespritztes und gedüngtes Gemüse und Obst sind Auslöser von Mangelerscheinungen und letztlich verantwortlich für eine Unzahl von Krankheiten und Allergien. Mehrkosten für die Gesundheit, zu entrichten über Versicherungsbeiträge usw.: 10 Cents.

Somit kostet Sie die »normale« Tomate insgesamt 80 Cents. Sie glauben, diese Rechnung sei übertrieben? Es ist noch viel schlimmer, wir haben längst nicht alles addiert. Wenn jedoch diese wenigen Beispiele nicht überzeugen, dann sind exaktere Berechnungen sinnlos.

Eine kleine Parabel vom Automobil (Letzte Folge)

Ein Autofahrer kann an der Tankstelle zwischen zwei Sorten Benzin wählen: normal und gut. »Gut« kostet einen Euro und wird mithelfen, seinem Vehikel ein langes Leben zu sichern. Beim Überholen gibt's keine Probleme, der Wagen zieht gut durch – aktive Sicherheit. Der Motor schnurrt, weil er Gutes bekommt, und dankt's mit Zuverlässigkeit – passive Sicherheit.

»Normal« kostet 80 Cents. Der Motor läuft anfangs gut, dann allmählich knattert und stinkt er. Überholmanöver sind gefährlich, weil keine effiziente Beschleunigung zu erzielen ist. Und so langsam ächzt der Motor unter der Bürde der Ablagerungen in den Leitungen, die Verbrennung ist nur unvollständig, das Gefährt kann nie das Gefühl vermitteln, das angestrebte Ziel auch wirklich zu erreichen. Aktive und passive Sicherheit? Gibt's nicht. Für welches Benzin wird sich der Autofahrer entscheiden – »gut« oder »normal«?

Wie gesagt, wir gratulieren allen Umsteigern auf Biokost! Sie haben mehr für diese Welt getan als (fast) jeder Politiker.

Wenn Sie noch nicht umgestiegen sind, so werden Sie jetzt vielleicht fragen: »Woher bekomme ich denn unbestrahlte, ungespritzte, wirklich frische, nicht chemisch konservierte Lebensmittel? Ich lebe weit weg von einem Bioladen!«

Wussten Sie, dass es heute fast überall in Mitteleuropa möglich ist, sich frisches Bioobst, Gemüse und Fleisch ins Haus liefern zu lassen?

Oder wie wäre es mit einer Anzeige: »Suche Menschen, die sich endlich gesund ernähren wollen, zwecks Gründung einer Einkaufsgemeinschaft«?

Und dann eine zweite: »Welcher Landwirt möchte nur noch für uns arbeiten und uns gesund ernähren?« Und dann tun sich ein paar Familien zusammen mit einem Bauern und finanzieren seinen Lebensunterhalt. Als Gegenleistung erhalten sie ganzjährig das Beste, was die Erde uns zu geben hat, haben einen Angehörigen eines wirklich wertvollen Berufsstands von Brüssel unabhängig gemacht und eine große Fläche unseres kleinen Planeten vor Vergiftung bewahrt. Ist das nichts?

Ernähren Sie sich gesund, und helfen Sie mit, all jene zu ernähren, die uns echte Lebensmittel zu angemessenen Preisen bringen. Helfen Sie mit, uns vor den üblen Zeitgenossen zu schützen, die Saatgut patentieren lassen wollen. Genießen und pflegen Sie Ihre Gesundheit, pflegen Sie sich, gönnen Sie sich Zeit. Zeit ist nicht Geld, Zeit ist Zeit. Nur wer sich Zeit nimmt, wird Zeit haben – für sich, für seine Kinder, für seinen Beruf, für seine Gesundheit und seine Freizeit. Alles zu seiner Zeit.

Lernen Sie wieder, alles zu genießen – die Arbeit wie die Familie, Freundeskreis wie Freizeit, Hobby und Sport. Gesundes Essen ist Teil unseres Lebens mindestens dreimal am Tag. Freuen Sie sich daran dreimal täglich, und nabeln Sie sich vom »Üblichen« ab, statt sich abhängig zu machen. Vertrauen Sie Ihrem Gespür und nicht geldgierigen Menschen, die von Ihren Problemen profitieren. Gewöhnen Sie Ihren Körper wieder an das Naturbelassene und Gesunde. Nach kurzer Zeit schon ist er aufgewacht und wünscht sich nichts anderes mehr.

Alpha oder Omega – Finden Sie Ihren Ernährungstyp

Zahlreiche Leserinnen und Leser von *Alles erlaubt!* haben uns berichtet, wie erfolgreich die Umstellung auf die Ernährung nach dem individuellen Ernährungstyp und in Harmonie mit den Mondrhythmen verlaufen ist und für viele zur Offenbarung wurde: eine kleine Revolution der Lebensfreude. Hinzu kam, dass das Buch nach der BSE-Krise vielen Menschen beim Übergang zu einer natürlichen Ernährung geholfen hat. Dieser Wandel so tief verwurzelter Gewohnheiten gelingt nämlich nur dann mühelos, wenn Sie Ihren persönlichen Ernährungstyp kennen und gleichzeitig echte Information über die Zusammenhänge erhalten.

Wir haben uns die Begriffe Alpha-Typ und Omega-Typ ausgedacht, weil es nach unserem Kenntnisstand keine populären und eingeführten Bezeichnungen gab. Die Ernährungswissenschaft ist zu dieser jahrtausendealten Erkenntnis der Existenz zweier Grundtypen noch nicht vorgedrungen – zumindest nicht in einer für unsere Regionen und Breitengrade verwertbaren Form. Das ist aber auch gar nicht nötig, denn das vorhandene Wissen reicht für unsere Zwecke und Ihren Gewinn völlig aus.

Als besonderen Leserservice können wir Ihnen anbieten, für Sie anhand eines Fragebogens, den wir Ihnen zuschicken, zu analysieren, welcher Typ Sie sind. Blättern Sie hierzu auf Seite 229 vor.

Ernährung im Rhythmus des Mondes

Im Lauf der letzten zehn Jahre haben wir eine ganz einfache Ernährungsumstellung in Harmonie mit dem richtigen Zeitpunkt vorgestellt und diese »Mondkur« immer wieder in kleinen Schritten und Zusammenhängen erklärt, bei Vorträgen und in unserem Taschenkalender »Das Mondjahr«*. Langsam wurde auf diese Weise die so einfache und wirksame Ernährungsweise populär. Immer mehr begeisterte Leser und Zuhörer sind inzwischen auf uns zugekommen und haben sich für den Rat bedankt, weil er bis heute das Einzige war, was ihnen mühelos geholfen hat.

Ernährung zum richtigen Zeitpunkt im Rhythmus der Natur und des Mondes ist einfach zu erklären und einfach zu befolgen. Sie ist nach unserer Erfahrung die einzige »Diät«, die langfristigen Erfolg bringt, den Körper sanft entgiftet, die Sinne weckt und die Gesundheit nicht beeinträchtigt. Sie vergewaltigt den Körper nicht, weil sie nicht radikal in seine inneren Abläufe eingreift.

Nichts Besonderes ist daran – sogar der Name »Kur« ist irreführend. Die »Mondkur« ist nichts anderes als ein Bestandteil der von Anfang an für den Menschen gedachten Ernährungsweise. Sie gehört zu den natürlichsten Dingen der Welt. Ihnen zu helfen, sich auf sie zu besinnen, ist eines unserer Anliegen.

---

* *Das Mondjahr* erscheint jährlich im August für das kommende Jahr als Taschenkalender, Fotowandkalender, Bürowandkalender, Wochenkalender und Tagesabreißkalender (Goldmann Verlag München). Er ist das ideale Instrument, um die eigene »Mondkur« zu begleiten, aber nicht nur dafür!

Mit den Erfahrungen, die Sie aus diesem Buch gewinnen werden, kombiniert mit dem Wissen um gesunde Ernährung, um Ihren Ernährungstyp und in welchen Zeitrhythmen das Essen Ihnen am besten bekommt, haben Sie ein solides Fundament geschaffen für Gesundheit und vor allem Freude am Leben.

Somit kennen Sie nun auch den Grund für dieses Kapitel als Abschluss eines Buches über erfolgreiche Bewegung zum richtigen Zeitpunkt – über die Mondgymnastik. Gesunde Ernährung allein führt erst mit einem Mindestmaß einfacher Bewegung zu guter Gesundheit. Und angemessene, maßvolle Bewegung führt erst bei bewusster, gesunder Ernährung zu dem Erfolg, den Sie sich davon erwarten dürfen. Das eine und das andere ergänzen sich perfekt zu einer Ganzheit.

Krankheit kann Folge einer harmlosen, unbedeutenden Gewohnheit sein, die man *täglich* praktiziert. Jeden Abend beispielsweise einen Pfefferminztee trinken, mündet relativ gewiss nach einiger Zeit in chronische Kopfschmerzen. Pfefferminztee ist eine erfrischende Wohltat – zum richtigen Zeitpunkt genossen und nicht als Ausdruck einer Gewohnheit. Ein Glas Milch täglich kann den Körper aufschwemmen und nach Jahren die Leberfunktion auf Dauer schädigen. Ein Glas Milch kann ein Genuss sein – zum richtigen Zeitpunkt genossen und nicht als Ausdruck einer Gewohnheit.

Unser Anliegen ist es, Sie unbestechlich zu machen gegenüber dem Versuch, Sie mit bequemen Rezepten zu locken und dann in Schablonen zu pressen. Niemand auf der Welt kann besser entscheiden als Sie, was gut für Sie ist und was nicht. Haben Sie den Mut, zu dieser Entdeckungsreise aus eigener Kraft aufzubrechen. Ihr Körper wird Sie belohnen. Im Lauf der vielen Jahre der Vorträge und der Zusammenarbeit mit interessierten Leserinnen und Lesern haben wir immer wieder die Erfahrung gemacht, dass es oft nur ein wenig Überwindung für den Start kostet. Auf eingefahrene, lieb gewordene Gewohnheiten wird niemand gern verzichten. Aber der Erfolg von ein wenig Mut zum Umdenken wird Ihnen Recht geben.

Schließen wir nun mit einer kurzen Erinnerung an das wichtigste Lebensmittel überhaupt.

Es gibt keine Schwierigkeit,
die sich nicht mit Liebe bewältigen ließe.
Keine Krankheit, die sich nicht mit Liebe heilen ließe.
Keine Tür, die sich nicht mit Liebe öffnen ließe.
Keinen Abgrund, den nicht Liebe überbrücken würde.
Keine Sünde, die sich nicht mit Liebe wieder gutmachen ließe.
Es spielt keine Rolle, wie groß das Problem,
wie hoffnungslos der Anschein,
wie tief gehend die Verwirrung,
wie schwer wiegend der Fehler.
Mit Liebe lässt sich alles auflösen.

Anhang

Gymnastik, wie sie nicht sein soll

Der Dank an Georg Koller zu Beginn des Buches gilt nicht nur seiner Mitarbeit, sondern auch seinen wertvollen Ratschlägen, welche althergebrachten Gymnastik-Übungen *nicht* den gewünschten Erfolg bringen und langfristig sogar viel Schaden anrichten können. Wir waren der Meinung, diese Information könnte für Sie wichtig sein, und haben Sie deshalb hier aufgenommen. Das Folgende gilt natürlich nicht, wenn Sie eines Tages als Akrobat im Chinesischen Staatszirkus auftreten wollen…

Wandern wir also gemeinsam durch den Körper, von Kopf bis Fuß, sprechen dabei die Übungen an, die zwar fast jeder Schüler und Sportler irgendwann einmal ausführen musste, die aber wenig bis nichts bringen oder sogar ungesund sind. Ein Beispiel kennen Sie schon: das *Nachwippen*. Hätten Sie gedacht, dass Sie damit das Gegenteil des Gewünschten bewirken?

Kopf und Hals

Wie steht's mit dem berühmten »Kopfkreisen«? Sicherlich haben Sie es auch schon geübt, oder es bildet gar heute noch einen Bestandteil Ihrer Gymnastik. Denken Sie aber einmal einen kurzen Augenblick nach. Ruht der Kopf auf einem Kugelgelenk? Würde er das tun, wäre Kopfkreisen wahrscheinlich genauso sinnvoll wie sanfte Roll- und Drehbewegungen des Schulter- und Hüftgelenks.

So aber sorgt Kopfkreisen für verstärkte Abnutzungserscheinungen der Halswirbelsäule. Das ist von großem Nachteil, weil diese Körperregion den oberen Teil des Rückenmarks schützt und gleichzeitig alle Belastungen von den so wichtigen Blutgefäßen fern hält, die zum Gehirn führen. Also vergessen Sie ab jetzt das Kopfkreisen, und ersetzen Sie es lieber öfter durch die Stier-Übungen. Damit wirken Sie den häufigen Verspannungen dieses Bereichs entgegen und tun viel für die Elastizität und Durchlässigkeit der Halspartie.

Wirbelsäule, Rücken- und Bauchmuskeln

Stellen Sie sich ein etwa ein Meter langes Rohr vor, das in 24 fast gleiche Teile zersägt wird. Besorgen Sie sich 23 dünne, durchlöcherte Gummischeibchen im gleichen Durchmesser wie das Rohr und legen Sie zwischen die Röhrchen jeweils eine dieser Scheiben. Ziehen Sie schließlich ein Seil durch das Ganze, um alle Röhrchen und Scheiben zu verbinden.

So ähnlich wie das Ergebnis sieht unsere Wirbelsäule aus, jenes Gebilde, durch das alle Nervenbahnen wandern und das von Muskeln und Bändern umgeben ist, die sie schützen und uns aufrecht halten. Damit Sie lebenslang Freude an diesem zentralen Körperteil haben, sollten Sie auf kräftige Bauch- und Rückenmuskeln achten und folgende Übungen *vermeiden*:

- *Rumpfkreisen*: Eine beliebte Übung der Sportlehrer früherer Zeiten. Die Wirbelsäule ist jedoch für solch schwungvolle, unkontrollierte Drehbewegungen nicht gebaut. Besonders die Lendenwirbelsäule leidet darunter.

- *Schwalbennest*: Eine viel zu starke Wirbelsäulenkrümmung tritt hier ein. Für Akrobaten allerdings kein Problem.

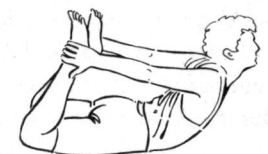

- *Rumpfvorbeugen im Grätschsitz*: Diese Übung soll eigentlich die hintere Oberschenkelmuskulatur dehnen, was aber kaum geschieht. Dafür überlasten Sie die Lendenwirbelsäule. Geringer Erfolg, größerer Schaden anderswo.

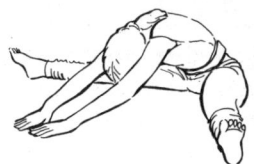

- *Diagonales Rückbeugen im Stand*: Ebenfalls Überlastung der Lendenwirbelsäule.

- *Partnerwippe*: So beliebt diese Übung bei vielen Trainern ist, so unbrauchbar ist sie! Es kommt auch hier zu starker Überlastung der Lendenwirbelsäule und durch das Festhalten zu einer Gegenspannung, die die erwünschte Dehnung verhindert.

219

- *Bauchwippe, Beinkreisen im Sitzen oder Liegen, Brücke*: Alle diese leider beliebten Übungen führen ebenso zu starker Überlastung der Lendenwirbelsäule, auch das *Ballzuwerfen in Bauchlage*, bei dem durch den Aufprall des Balles die Stauchung noch verstärkt wird.

- *Pflug*: Verursacht eine Überlastung der Brust- und Halswirbelsäule und eine Überdehnung des hinteren Längsbandes der Wirbelsäule.

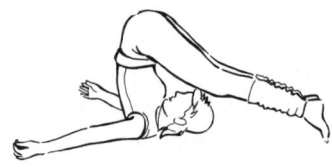

- *Klappmesser*: Starke Überlastung der Lendenwirbelsäule, vor allem bei schwachen Bauchmuskeln. Diese Übung verkürzt zusätzlich die Hüftbeuger und übt dadurch weiteren Druck auf die Lendenwirbel aus.

Arme und Beine

O je, Liegestütze! Entengang! Ein vielfacher Seufzer stieg zum Himmel, wenn solche Übungen angesagt wurden, bei welchem Training auch immer. Es wird Sie freuen, dass Sie Ihrem Trainer jetzt diese Zeilen unter die Nase halten können, denn die folgenden Übungen trainieren zwar durchaus die Arm- und Beinmuskeln, aber der Preis ist zu hoch!

- *Liegestütze*: Soll eigentlich Arm-, Schulter- und Rumpfmuskulatur kräftigen, führt aber bei zu geringer Stützkraft zu einer Überlastung des Schultergürtels und der Lendenwirbelsäule.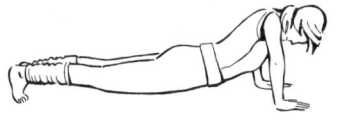

- *Schubkarre*: Soll ebenfalls Schulter- und Armmuskeln kräftigen, bewirkt aber ein starkes Hohlkreuz und belastet den Schultergürtel extrem. Eine gesündere Alternative wäre hier, wenn der »Schiebende« von außen die *Oberschenkel* der »Schubkarre« umfasst.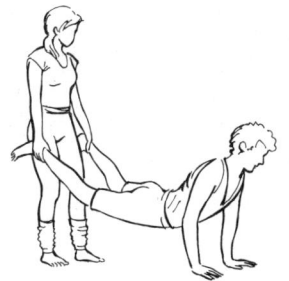

221

- *Entengang / Kosakentanz*:
  Starke Überlastung der Kniege-
  lenke in allen Elementen. Diese
  Übungen sind wirklich »Kil-
  ler«, die schon vielen Orthopä-
  den zu Brot und Übungsmög-
  lichkeit verholfen haben!

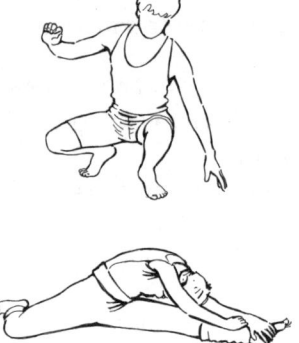

- *Hürdensitz*: Starke Drehbelas-
  tung des gebeugten Knies,
  Überdehnung des inneren Sei-
  tenbands und Überlastung des
  Innenmeniskus.

Alle genannten Übungen verursachen keine unmittelbaren Schädigun-
gen, sondern je nach Trainingsaufwand und individueller Konstitution
manchmal erst nach Jahren und Jahrzehnten. Umso wichtiger wäre es,
auf sie zu verzichten, wobei natürlich der Leistungssport die Ausnahme
ist. Aber was aus Leistungssportlern nach der aktiven Laufbahn wird, das
sollten Sie mal deren Ärzte fragen…

Neues aus der Paungger-Poppe-Werkstatt

Wenn Sie dieses Buch in Händen halten, dann gibt es uns schon über ein Jahrzehnt! Im Herbst 1991 erschien unser erstes Buch *Vom richtigen Zeitpunkt* – das Buch, das der Wiederentdeckung des Wissens um die Mondrhythmen den Weg ebnete, bis heute in den Bestsellerlisten zu finden ist und in 22 Sprachen übersetzt wurde.

> *Ein herzlicher Dank an Sie,*
> *liebe Leserinnen und Leser!*

Das beste Buch nützt nämlich nichts, wenn es niemand liest. Wir gaben und geben zwar unser Bestes, aber wenn unsere Arbeit bei Ihnen kein Gehör findet und auf fruchtbaren Boden fällt, dann gibt's kein Jubiläum und keine Feier. Und deshalb unser Versprechen, auch in Zukunft für Sie da zu sein mit dem, was wir am besten können: aufrichtige Information über in Vergessenheit geratene Zusammenhänge.

Neues vom Mondversand

Das große positive Echo, das unser kleiner Versand mit Produkten »vom richtigen Zeitpunkt« gefunden hat, ermutigt uns tagtäglich. Noch schreiben wir keine schwarzen Zahlen, aber es geht langsam aufwärts. Nach wie vor können wir die einzige *Pflege-Kosmetikserie* der Welt anbieten, die frisch nach Bestellung zum richtigen Zeitpunkt zubereitet wird – ohne Lagerhaltung.

Körperpflege hat nichts mit Zuspachteln, Verdecken und Verbergen zu tun, das wissen Sie nun. Wir sollten der Haut mit natürlichen Produkten helfen, weil wir uns sonst der Allergien bald nicht mehr erwehren können. Chemisch-künstliche Produkte sind nicht der Teufel, den wir an die Wand malen, wir bekämpfen sie nicht, aber derjenige, der unter ihnen leidet, muss sich für andere Produkte entscheiden können.

Warum die vielen Allergien? Tomaten oder Schafwolle, Pollen oder Hausstaubmilben – sie sind nicht verantwortlich dafür. Sie entstehen durch Haltbarmacher sowie Hilfs- und Aromastoffe, generell durch die industrielle Behandlung der Produkte.

Eine Kosmetik herzustellen, die alle Funktionen der Haut unterstützt und sie nicht lahm legt, nicht ihre Aufgaben für kurze Zeit übernimmt und sie dann im Stich lässt – das war unser Traum. Man braucht ja nicht viel, die Haut soll schließlich nicht arbeitslos werden. Alles, was nicht gebraucht wird, verkümmert. Bei Mensch, Tier und Pflanze, bei Seele, Geist und Körper. Heute, nach vielen Jahren, nach genauesten Beobachtungen und mit dem Wissen von gesunder Konservierung, Farbenergie und der jahrtausendealten Pyramidenenergie, können wir uns dieser Kosmetik erfreuen.

Neben unseren Büchern und Kalendern, neben der Mond-Kosmetik und den Kräutern wollen wir Ihnen im Lauf der Zeit immer mehr gute Dinge aus dem Umfeld unserer Bücher anbieten – vom Magnetiten zur Wasserbelebung über wertvolles Kristallsalz bis hin zu basischen Bädern. Wie weit unsere Pläne gediehen sind, können Sie immer im jeweils aktuellen Katalog nachlesen.

Und wie steht's aktuell um den Versand? In erster Linie hat sich gezeigt, dass unser Umzug nach Deutschland – dort unter neuer Leitung – die richtige Entscheidung war. Es war zwar Herbst, aber in kürzester Zeit konnten wir überall ein Frühlingserwachen erleben. Von den Rückmeldungen unserer Partner in der Herstellung über den fröhlichen Pioniergeist im Versand bis zum allgemeinen Gefühl in den Telefonaten mit Kundinnen und Kunden – es herrschte und herrscht immer noch ein Aufblühen und Gedeihen. Wenn Sie unseren Katalog durchblättern, werden Sie überall die Zeichen dafür finden – beispielsweise auch in der Anzahl der vielen neuen guten Dinge, die wir für Sie entwickelt und entdeckt haben. Es geht vorwärts, die Richtung stimmt!

Warum gibt es den Mondversand eigentlich? Der ganze Mondversand zieht an einem Strick. Erstens wollen wir zeigen, dass unsere Vorfahren keine Narren waren in ihrer Achtsamkeit auf den Lauf des Mondes und auf die Gesetze, die den »richtigen Zeitpunkt« bestimmen. Die Zukunft zwingt uns, wieder auf natürliche, umweltschonende und damit menschenwürdige Methoden der Herstellung von Gebrauchsgegenständen zurückzugreifen. Wir tun es schon jetzt. Zweitens bemühen wir uns alle zusammen, Fairness walten zu lassen – faire Herstellung ohne Ausbeutung von Mensch und Natur, faires Miteinander im Handel. Wir fördern ehrliche Arbeit und altes Handwerk. Immer mehr Menschen sollen verstehen: Durch Spekulation verdientes Geld ist menschenunwürdig und im wahrsten Sinne umweltschädlich. Nur echtes Miteinander löst alle Probleme. Das Gegeneinander in der Welt dient bestimmten Interessen. Es sind niemals Ihre Interessen.

Eine kleine Auswahl unserer Neuheiten:

Johanniskraut-Öl: Unser Öl stammt direkt aus einem Klostergarten, in dem die Arbeit nach dem Mondrhythmen noch selbstverständlich ist.

Bio-Haar-Tonikum: Nach unserer Erfahrung ist der Extrakt der Brennnesselwurzel das einzige natürliche, langfristig wirksame Haartonikum. Ein Freund produziert ein solches, nach alter Tiroler Tradition, in Handarbeit und unter strenger Beachtung der Regeln des richtigen Zeitpunkts, die dem Tonikum erst die eigentliche Wirkung verleihen. Wir schätzen uns glücklich, es Ihnen erstmals anbieten zu können.

Frauen-Kräuter-Tee: Frauenmantel, Schafgarbe, Zinnkraut, Rosmarin, Walnussblätter – dieses Kräuterteam besitzt eine seit alters her bekannte, besondere Wirkung für die Gesunderhaltung speziell des weiblichen Körpers. Das gilt für jede dieser Pflanzen, aber umso kraftvoller im Team und im ausgeklügelten Mengenverhältnis, verarbeitet zum richtigen Zeitpunkt.

Unsere vier **Original Paungger-Poppe** »Mond-Kräutertees vom richtigen Zeitpunkt« haben eine kleine Odyssee hinter sich, die jetzt zu

Ende ist. Unser Verständnis und Gefühl für echte Qualität wollten wir auf Dauer gewahrt wissen und fanden den endlich idealen Partner dafür. Verbunden mit der Anwendung unserer Gewebestraff- und Entschlackungsöle sind diese Tees ein wunderbar leichter Weg, Ihrem Idealgewicht entgegenzugehen oder es mühelos zu halten.

Und was haben wir sonst noch Neues zu bieten? Vom Energie-Fußbalsam über Power-Ringe für die Fingerarbeit und Super-Salz aus Deutschland bis zu Kirschkernkissen »Vom richtigen Zeitpunkt« – es ist wirklich ein buntes Programm der Besonderheiten, die es in dieser Form nur bei uns gibt.

Sie sehen, bei uns ist immer viel los und viel Neues in der Auslage! Wenn Sie sich für unsere Arbeit, Kalender, Bücher und Produkte interessieren und stets auf dem Laufenden bleiben wollen, schreiben Sie uns und fordern Sie kostenlos unseren kleinen Versand-Prospekt an:

Mondversand
Hauptstr. 34
D – 83730 Fischbachau
Tel: 0049 8023 819620
Fax: 0049 8023 8199 866
E-Mail: mondversand@t-online.de
www.paungger-poppe.com

Die »Mondwoche« – unser Gesundheitsseminar

Die **Gesundheitswochen** unter unserer persönlichen Leitung finden immer mehr Anklang. Drei paradiesisch schöne und friedliche Orte stehen Ihnen inzwischen zur Auswahl. Viele Leser und Freunde haben schon die Möglichkeit genützt, sich dort eine Woche lang gesund ernähren und gesund bewegen zu können. Es erwartet Sie ein individuell zugeschnittenes Programm, wo Sie Körper und Seele besser kennen lernen – ohne Zwang, ohne allzu straff durchorganisierten Zeitrahmen mit viel Zeit für Muße. Umgeben von Menschen, die Freunde der Menschen sind.

Zu verschiedenen Zeiten im Jahreslauf können Sie fünf Tage lang ein buntes Programm erleben, in dessen Mittelpunkt Ihre Gesundheit und entspanntes Lernen und Erfahren stehen. Gekocht wird »vegan«, das heißt vegetarisch und zusätzlich ohne tierisches Eiweiß – eine wahre Erholung für Stoffwechsel und Kreislauf, wie Sie am schwebeleichten Wohlgefühl, das sich schon nach kurzer Zeit einstellt, erkennen können. Die unerwartet köstliche Vielfalt dieser Küche hat uns so überzeugt, dass wir auch zu Hause so oft es geht vegan kochen.

Und das können Sie erwarten: Von Einführungen in die Kunst des Richtigen Zeitpunkts über Ernährungsberatung / Alpha/Omega-Typenberatung, Kräuterwanderungen und Kräutervorträge, Yoga-Übungen mit Tiefenentspannung, Metamorphose-Behandlung bis zur Einzelberatung bei Johanna Paungger-Poppe zu einem Thema nach freier Wahl

Wohlbefinden und Lebensfreude erleben Sie nicht nur in dieser einen Woche: Unser Ziel ist es, dass Sie vieles mit nach Hause nehmen und zur Grundlage einer gesünderen Lebensführung machen können. Eine unvergessliche Zeit, wie die bisherigen Teilnehmer bezeugen können.

Insgesamt eine wunderbare Möglichkeit, das Mondwissen intensiv kennen zu lernen und alle nur denkbaren Fragen beantwortet zu finden – in Gesprächen und Vorträgen, auf Kräuterwanderungen und bei vielen anderen Gelegenheiten. Vielleicht finden Sie, Ihre Familienmitglieder und Freunde einmal Zeit für eine dieser Wochen. Wir würden uns freuen, Sie persönlich kennen zu lernen.

Wenn Sie interessiert sind, erhalten Sie alle aktuellen Informationen auf unserer Homepage, oder schreiben Sie uns.

Der Mond im Internet

Paungger & Poppe hat inzwischen auch seine Zelte im Internet aufge-
schlagen: **www.paungger-poppe.com** – so lautet unsere Adresse. Hier
finden Sie unsere schöne Homepage (ein Dank den Programmiererin-
nen!), erhalten Infos zu allen möglichen Dingen, Leseproben, Vortrags-
termine, können auch unsere Bücher, Kalender und Produkte direkt bestellen und Alpha/Omega-Fragebogen und Gesundheitswochen-Infos
direkt herunterladen.

Alpha/Omega und Biorhythmus – Noch ein Leserservice

Noch ein weiterer »Dienst am Leser« findet inzwischen regen Zuspruch:
Anhand eines von uns ausgearbeiteten *Fragebogens*, den wir Ihnen kostenlos zuschicken, können wir für Sie ermitteln, welcher **Ernährungstyp** Sie sind. Ausführlich haben wir die Alpha/Omega-Ernährungstypen
in unserem Buch »Alles erlaubt!« vorgestellt. Wie wertvoll die Kenntnis
der persönlichen Biorhythmen ist, haben wir ausführlich in unserem
Buch *Aus eigener Kraft* dargestellt.

In diesem Zusammenhang möchten wir auch an dieser Stelle unseren
erfolgreichen Service anbieten, Ihren persönlichen Biorhythmus mit in-
tegriertem Mondkalender auszurechnen. Sie erhalten ein handgemachtes
Din-A-4 Heft, das sich übrigens auch als wertvolles und wirklich indivi-
duelles Geschenk eignet! Hier die Einzelheiten:

Paungger & Poppe – Was bisher geschah ...

Umweltschutz, Heilkunde, naturgemäßer Hausbau, giftfreier Betrieb von Gartenbau und Landwirtschaft und viele weitere Tätigkeitsfelder waren früher ohne das Wissen um die Mond- und Naturrhythmen gar nicht denkbar. Sich an dieses Wissen zu erinnern, gehört zu den wichtigsten Aufgaben von Morgen. Unsere Bücher, Kalender und Produkte sind unsere Art und Weise, diese Aufgabe zu erfüllen.

- *Der lebendige Garten* (Mosaik bei Goldmann). Gärtner, Landwirte und vor allem auch die vielen unermüdlichen Balkonbauern erfahren darin, welch segensreiche Wirkungen von der Wahl des richtigen Zeitpunkts ausgehen. Sie erleben, dass es tatsächlich möglich ist, auf Pestizide, Düngemittel und die Verschwendung von Trinkwasser völlig zu verzichten, bei gleichem oder höherem Ertrag und viel höherer Qualität der Erntefrüchte und Kräuter. Ob Zimmer oder Balkon, ob Garten oder Feld – mit *Der lebendige Garten* zeigen wir dem Leser auch, wie lebenswichtig für uns alle es ist, eine neue Beziehung zur Erde aufzunehmen, geprägt von Weisheit und Vernunft, von Liebe zu allem Lebendigen. Und vor allem, welche Freude damit verbunden ist.
- *Alles erlaubt! Zum richtigen Zeitpunkt. Ernährung und Körperpflege in Harmonie mit Mond- und Naturrhythmen* (Mosaik bei Goldmann). Das Buch gibt diesen wichtigen Bereichen unseres Alltags ein neues Fundament – jenseits des Diktats der Diätregeln und Kalorientabellen.
- *Aus eigener Kraft – Gesundheit und Gesundwerden in Harmonie mit Natur- und Mondrhythmen* (Mosaik bei Goldmann). Das Werk befasst sich ausführlich mit dem Zusammenhang zwischen Mondphasen und Mondstand im Tierkreis und Wirkung und Erfolg vorbeugender und heilender Maßnahmen für Körper, Geist und Seele.
- *Der Mond im Haus – Renovieren, Hausbau, Holzverarbeitung zum*

richtigen Zeitpunkt (Mosaik bei Goldmann). Das Buch kommt dem Leser mit jahrtausendealtem Wissen zu Hilfe, um Chemiegifte und Konservierungsmittel entbehrlich zu machen und zahlreichen Krankheiten den Boden zu entziehen.

• *Das Mondlexikon vom richtigen Zeitpunkt* (Mosaik bei Goldmann). Das Handbuch für das Leben mit dem »richtigen Zeitpunkt«. Sie finden darin alle Tätigkeiten des Alltags, soweit ihr Erfolg vom »richtigen Zeitpunkt« profitieren kann – aus Heilkunde, Garten, Land- und Forstwirtschaft, aus Haushalt, Renovieren und Hausbau. Von A wie Abbeizen über D wie Düngen und F wie Fensterputzen bis Z wie Zahnarztbesuch.

• *Vom richtigen Zeitpunkt* (Irisiana-Verlag). Unser Klassiker, mit dem alles anfing. Das Grundlagenwerk über den Mondeinfluss in Gesundheit, Gartenbau, Kräuterkunde, Haushalt und Alltag.

Ein rundes Mond-Kalenderprogramm

Damit Sie sich immer auf Information aus erster Hand verlassen können, bieten wir neben unseren Büchern ein vielfältiges Mondkalenderprogramm an. Die Frage, warum sich manch andere Mondkalender von unserem unterscheiden, beantworten wir ausführlich im *Mondlexikon*. Hier nur so viel: Nur wo Paungger-Poppe draufsteht, ist auch Paungger-Poppe drin.

• Das bewährte *Mondjahr* als *Taschenkalender* in zwei verschiedenen Ausführungen: Schwarz-Weiß und in Farbe. Der Erfolg der farbigen Jubiläumsausgabe 2000 hat uns dazu angeregt, sie Ihnen auch in Zukunft anzubieten.

• Der *Foto-Wandkalender*. Zwölf wunderschöne Landschaftsfotos mit Mond verwandeln diesen Monatskalender in eine Zierde für Heim und Büro. Er enthält sämtliche Symbole und Texte, die auch im Taschenkalender zu finden sind. Viel Mondwissen auf einen Blick im Format 28 x 32 cm .

- *Die Jahresübersichten 2004–2014.* 10 Jahre Mondkalender im Din-A-4-Format, eine Loseblatt-Sammlung, wie sie auch unseren ersten beiden Büchern beiliegen. Das unentbehrliche Werkzeug in seiner einfachsten Form. Zum sehr günstigen Preis, speziell für diejenigen, deren Buch-Kalender abgelaufen sind.

- Der *Wochenplaner* für den Schreibtisch mit allen Symbolen und Texten, die auch *Das Mondjahr* enthält. Zum Aufstellen für den Schreibtisch im Format 32 x 11 cm.

- Der *Plakatkalender für den großen Überblick*: Mit Angabe aller Symbole des Taschenkalenders und genug Platz für Notizen, im Jumbo-Format 61 x 88 cm.

- Der *persönliche Time-Planer*: Ein Päckchen mit Einlegeblättern für Ihren Zeitplaner. Mit allen Symbolen, die auch im Taschenkalender enthalten sind. 106 Seiten, pro Doppelseite 1 Woche, Format 95 x 171 mm, 6-fach Lochung, 6mm im Abstand 19/19/51/19/19 mm.

- Der *Original Paungger & Poppe Abreißkalender* für jeden Tag. Mit vielen Mini-Geschichten, die das Wirken der Mondrhythmen leicht verständlich nahe bringen, mit zeitlosen Weisheiten und natürlich mit den Grundregeln des Mondwissens. Er enthält auch sämtliche Symbole, die im Taschenkalender zu finden sind. Format 13 x 11,5 cm.

- *Und schließlich: ein neuer Kalender – Das Mond-Jahrbuch 2005.* Auf vielfachen Leserwunsch haben wir den beliebten Abreißkalender zusammengefasst und bieten Ihnen die Texte als handliches Taschenbuch an. Viele Leser haben sich so sehr über die bunte Vielfalt von Tipps, Merksprüche usw. gefreut, dass sie sich wünschten, sie ständig zur Verfügung zu haben um immer wieder mal nachschlagen zu können – die ideale Lektüre fürs Nachtkästchen.

heute nicht anders. Glücklicherweise leben wir in Zeiten mit relativ großer Freiheit, der eigenen Erfahrung zu vertrauen und nach ihr zu handeln. Nützen wir sie.

Nebenbei bemerkt: Der Abreiß-Mondkalender mit dem Titel *Der richtige Zeitpunkt* stammt nicht aus unserer Feder. Der Verlag unseres Buches »*Vom richtigen Zeitpunkt*« hat nur dasselbe Titelbild verwendet, um den Eindruck zu erwecken, er habe etwas damit zu tun. Bilden Sie sich über ein solches Handeln Ihr eigenes Urteil.

Wenn Sie sich für unsere Kalender, Bücher und Produkte interessieren und gleichzeitig stets über unsere Arbeit auf dem Laufenden bleiben wollen, schreiben Sie uns, und fordern Sie kostenlos unseren kleinen Versand-Prospekt an. Bitte haben Sie Verständnis, wenn wir nicht alle privaten Anfragen beantworten können. Bis heute können wir diese Arbeit nur persönlich erledigen.

Johanna Paungger-Poppe & Thomas Poppe
Postfach 107
A-3400 Klosterneuburg/Österreich

E-Mail: Tpoppe@compuserve.com
www.paungger-poppe.com

Register